원림은 누정 주인이 나무와 꽃 하나하나에 의미를 부여하며
심고 가꾼 인위적인 뉘앙스의 정원을 뜻한다.

원림은 세속에 얽매이지 않으려던 선인들에게
은신처가 되어 주고 위로와 용기를 주었다.

남도의 원림에는 자연과 사람, 정치, 사회, 문화, 예술 등
애틋한 삶과 문화가 고스란히 녹아 있다.

풍경 속에 스며든 남도 원림의 매력을 찾아
숨을 고르고 잠시 쉬어가 보자.

지혜와 위로를 주는
풍경의 발견

지혜와 위로를 주는 **풍경의 발견**

—

인쇄 2020년 11월 20일 1판 1쇄   **발행** 2020년 11월 25일 1판 1쇄

지은이 송태갑   **펴낸이** 강찬석   **펴낸곳** 도서출판 미세움
주소 (07315) 서울시 영등포구 도신로51길 4
전화 02-703-7507   **팩스** 02-703-7508   **등록** 제313-2007-000133호
홈페이지 www.misewoom.com

정가 17,000원

—

ISBN 979-11-88602-30-8   03900

지혜와 위로를 주는

풍경의 발견

송태갑 지음

남도원림으로의 초대

남도는 오랫동안 전라도 혹은 전라남도의 애칭으로 사용돼 왔다. 나는 개인적으로 남도라는 표현이 참 좋다. 왜냐하면 느낌이 참 따뜻하고 삭막한 도시와는 멀리 떨어져 있는 특별한 장소처럼 여겨지기 때문이다. 어떤 때는 우리가 오랫동안 그리워하며 추구해 오던 이상향의 또 다른 이름처럼 들리기도 한다. 우리의 삶이 버겁고 지칠 때 언제든 떠나고 싶고 또 누군가 정겹게 반겨 줄 것만 같은 느낌이 드는 이름이 바로 남도다. 내가 객지생활을 할 때 남도는 늘 그리움의 대상이었다. 그런데 현재 남도에 살고 있으면서도 여전히 나는 남도가 그립다.

남도는 산과 들, 강과 바다 등 자연풍광 자체가 하나의 거대한 정원이다. 해질녘 남도 리아스식 해안과 갯벌, 그리고 다도해 풍경을 보라. 왜 남도에서 훌륭한 예술가와 문학인들이 많이 배출되었는지 납득할 수 있을 것이다. 지리산 야생화, 무등산 입석대, 영산강변 황금 들녘과 섬진강변 물안개 낀 풍경을 보라. 자연에 경의를 표하거나 감사하지 않고는 도저히 견딜 수 없을 것이다. 시간의 흔적이 짙게 배어 있는 사찰, 서원, 누정, 전통마을 등은 그 자체가 남도문화의 근간이다.

남도에는 헤아릴 수 없을 만큼 다양한 종류의 정원이 있다. 전통정원이든 현대정원이든 정원에는 남도의 따뜻한 이야기가 담겨 있다. 남도에는 담양 소쇄원, 보길도 부용동정원, 강진 백운동정원 등 조선시대 3대 별서정원이 있다. 또 우리나라 최초로 정원법을 만들어 정원산업을 선도한 국가정원 제1호 순천만 정원도 있다. 조용한 시골마을에 전 세계 장미를 모두 모아놓은 곡성 기차마을 장미정원도 자랑거리다. 평범한 메타세콰이아 가로수길과 대나무밭을 일구어 명품 테마정원으로 일구어낸 담양도 빼놓을 수 없다.

　　남도의 정원은 자연과 역사, 그리고 남도 사람들의 따뜻한 정이 깊숙이 배어 있다. 그래서 남도를 보려거든 정원으로 가라고 권하고 싶다. 사실 남도는 산과 들과 바다가 적절히 펼쳐져 있어 풍요의 조건을 두루 갖춘 천혜의 고장이다. 실제로 농산물이면 농산물, 수산물이면 수산물, 온갖 음식재료를 공급하는 최고의 생산기지다. 그것은 남도가 맛의 고장이 될 수밖에 없는 이유 가운데 하나이기도 하다.

　　한편, 남도는 의로운 고장이라는 점도 자랑스럽다. 조선시대는 의병활동으로 왜구의 침략에 대항했고, 일제강점기에는 학생운동, 독립운동으로 저항했으며,

독재시대에는 민주화운동으로 무수한 희생을 감수하면서도 민주화를 위해 항쟁하는 등 그 정신을 면면히 이어가고 있다. 특히 "호남이 없으면 나라도 없다"는 이순신 장군의 말씀은 남도의 정체성을 잘 대변해 주고 있다.

또 하나 남도하면 떠오르는 것이 바로 멋이다. 그런데 그 멋을 본질적으로 이해하기 위해서는 풍류風流를 이해해야 한다. 바람 '풍'자와 흐를 '류'자가 합쳐져서 된 풍류라는 말은 단순한 바람이나 물의 흐름에 그치는 것이 아니라 자연의 이치와 사람의 도리 등을 이해하고 무리 없이 행동하는 고품격의 가치와 태도를 가리키는 복합적인 의미를 지니고 있다. 사실 바람은 시간을 의미하기도 한다. 시간이 흘러 흔적을 남긴 것을 풍화현상이라고 한다. 그것이 오랫동안 축적되어 형성된 향토적 토양과 정서를 풍토라고 일컫는다. 그래서 우리가 주변에서 늘 접하는 풍경을 예사롭게 보거나 함부로 대해서는 안 된다. 그 풍경에는 시간이 묻어 있고 이야기를 담고 있어 그 장소의 정체성을 가장 잘 대변해 주고 있기 때문이다. 우리가 살고 있는 모든 장소는 그 나름대로 의미를 지니고 있다.

남도는 한恨을 예술로 풀어내는 가장 한국적 정서를 간직한 예술의 고장이기도 하다. 절절한 한의 소리를 예술로 풀어내는 판소리가 그렇고, 자연을 통해 삶을 노래한 시가문학이 그렇다. 남도의 따뜻함을 담아 두고 싶어 그린 남종화 역시 그렇다. 특히 남도의 원림에는 자연과 사람 이야기는 물론이고 정치, 사회, 문학, 예술 등 애틋한 삶과 문화가 고스란히 녹아 있다. 그래서 남도를 의향義鄕, 예향藝鄕, 미향味鄕, 요컨대 삼향의 고장이라고 일컫는다. 그런데 하나 놓쳐서는 안 되는 것이 바로 그 삼향문화에 남도 특유의 따뜻한 정과 풍류가 짙게 배어 있다는 사실이다. 이것이 씨줄과 날줄이 되어 남도문화를 탄생시킨 것이다. 그래서 나는 남도의 독특한 풍경을 정경情景이라 부르고 싶다. 남도에서는 정을 빼고는 아무것도 논할 수 없다. 오죽하면 "그놈의 정 때문에"라는 말이 생겼을 정도다.

하찮은 이 글이 풍경 속에 배어 있는 남도 풍류의 매력을 찾아가는 데 길라잡이가 될 수 있다면 더 이상 바랄 나위 없겠다.

2020년 10월
송태갑

차 례

11

하나,
청산에 뼈를 묻고
홀로 절개를 지키다

담양 독수정

홀로 무엇을 지키고 싶었던 것일까

담양에서 화순 쪽으로 887번 지방도를 타고 가다 보면 식영정, 환벽당, 소쇄원, 취가정 등 우리들이 익히 알고 있는 유서 깊은 누정들이 광주호 주변에 즐비하다. 그곳을 조금 지나 화순 방향으로 진행하다 보면 담양 남면 소재지를 통과하는 도로변에 남면사무소가 위치해 있고, 그 맞은편을 올려다보면 무등산으로 이어지는 산 능선이 한눈에 들어온다. 그 산마루 초입부에 왠지 쓸쓸해 보이는 작은 정자 하나가 있다. '홀로 지키다'라는 의미를 가진 독수정獨守亭 원림이다. 혼자서라도 지키고 싶은 것이 과연 무엇이었을까?

인근의 누정들이 조선시대 이후 지어진 것들이라는 점을 감안하면 고려시대에 지어진 독수정은 한 시대를 앞서 지어진 것으로 남도 누정의 원조라고 할 수 있다. 옛것을 찾아보기 쉽지 않은 요즘, 이토록 가까운 곳에서 고려시대 정원을 만나볼 수 있다니 큰 행운이 아닐 수 없다.

독수정 원림은 담양군 남면 연천리 산음동에 있는 누정과 숲으로 1982년 전남기념물 제61호로 지정되었다. 산음山陰이라는 동네 이름이 말해 주듯 산 그림자가 짙게 내려앉아 있어 묵직한 산 내음을 풍긴다. 원림園林은 일반적인 수림樹林과는 달리 정원 느낌으로 조성되었는데, 누정 주인이 하나하나 의미를 부여하며 나무와 꽃을 심은 곳으로 당시 인위적인 뉘앙스의 정원庭園이라는 용어를 대신하여 사용한 말이다.

이곳은 무등산으로부터 길게 뻗어 나와 구릉을 이룬 곳으로 느티나무와 회화나무, 왕버들, 소나무, 참나무, 서어나무 등이 잘 보존되어 주변에서 보기 드물 정도로 거목을 이루고 있다. 원림 중앙에 자리한 독수정은 고려 공민왕 때 북도안무사 겸 병마원수를 거쳐 병부상서를 지낸 전신민全新民, 생몰연대 미상의 정원이다.

독수정에 걸터앉아 물끄러미 보고 있노라면 자연풍경은 어느새 나만의 정원이 되어 준다.

전신민은 아들 오돈과 함께 무등산에 들어온 것으로 전해지며 처음엔 제계라는 동네에 살다가 산 하나를 넘어 산음동에 터를 잡게 되었다. 전신민은 재계정과 가정을 짓고, 조복朝服을 입은 뒤 그 정자에 올라 송도를 향해 통곡하며 절을 했다고 한다. 전신민이 나이 들어 두 정자를 오가는 것이 불편해지자, 전오돈은 아버지를 위해 집 앞에 독수정을 지어 드린 것으로 전해진다.

전신민은 고려 후기 무신 · 절의신으로 호는 서은瑞隱이고 본관은 천안이다. 처부는 대사간 박팽우다. 그의 생몰연대는 알려지지 않고 있으나 그가 고려 공민왕 때 북도안무사 겸 병마원수를 거쳐 병부상서를 지냈다는 기록이 있는 것으로 보아 그가 14세기 중반에 태어나 15세기 초반까지 살았을 것으로 추측하고 있다.

포은 정몽주가 선죽교에서 살해되고 고려가 망하자 두문동 72현*과 함께 두 나라를 섬기지 않을 것을 다짐하며 벼슬을 버리고 그 뜻을 혼자라도 지키겠다고 다짐하며 이곳으로 내려와 은거하기 시작한 것으로 전해진다. 태조 이성계가 여러 차례 불렀으나 나가지 않았고 아침마다 조복을 입고 송도를 향하여 곡배를 올리며 충절을 지킨 것이다. 그래서 특이하게도 이 정자는 여느 정자처럼 남향이 아니라 북향이다. 그 이유를 조금이나마 알 것 같다. 쇠락해 가는 고려를 지켜보면서 매일 아침 북쪽 송도를 향하여 허리 굽혀 절하는 간절한 충신의 모습이 그려진다.

독수정이라는 이름의 유래는 김녕한이 지은 〈독수정기獨守亭記〉에 서술되어 있는데, 이백李白의 〈소년자少年子〉라는 작품 중 "백이숙제는 누구인가, 홀로 서산에서 절개를 지키며 굶주렸다네夷齊是何人 獨守西山餓"라는 마지막 시구절에서 따왔다고 한다.** 독수정은 1891년(고종28년) 후손에 의해 재건되었으며, 1915년과 1972년에 중수되어 지금의 모습을 갖추고 있다. 정자는 몇 차례 중수를 거듭하면서 변형되어 그 주변의 원림만 지방기념물로 지정되어 있다.

이 정자는 정면과 측면 각 3칸의 팔작지붕으로 정면 1칸과 후퇴後退를 온돌방으로 꾸몄다. 정면과 측면 모두 3칸의 중앙에 재실이 있는 팔작지붕으로 비교적 잘 보존된 상태다. 물이 흐르는 남쪽 언덕 위에 정자를 짓고 뒤쪽 정원에는 소나무를 심고 앞 계단에는 대나무를 심어 절개를 다짐한 것이다. 정자 앞에 있는 배롱나무, 매화나무 등의 수목은 대부분 1890년대 중건 당시에 심었던 것으로 추정된다.

---

* 고려가 멸망하고 조선이 건국되자 끝까지 출사하지 않고 충절을 지킨 72인의 고려 유신을 가리키는데, 두문동은 경기도 개풍군 광덕면 광덕산 서쪽 기슭에 있던 옛 지명으로 알려져 있다. 이는 후에 '문을 닫아걸고 나가지 않는다'는 뜻의 '두문불출杜門不出'의 유래가 되었다.

** 국윤주 외(2018), 독수정 명옥헌, 광주문화재단 누정총서1, pp.21-22, 도서출판 심미안.

　독수정은 전통적 자연풍경식 정원조성기법으로서 고려시대에 성행했던 산수원림기법을 선보임으로써 이후 원림문화에 크게 영향을 끼치는 선구적 역할을 한 것으로 여겨진다. 오로지 신의와 충절을 지키기 위해 산속에서의 외로운 생활도 마다하지 않았지만, 그나마 그것을 견디게 해 준 것은 나무와 꽃, 그리고 햇살과 바람, 지저귀는 새소리였을 것이다. 독수정은 그에게 은신처가 되어 주었고 때로는 위로와 용기를 주었다. 이것이 자연의 힘이고 곧 정원의 가치다.

전신민, 독수정을 짓다

전신민은 이 지역과 특별한 연고가 없었던 것으로 전해진다. 그저 개성으로부터 가능한 한 멀리 떠나와 머문 곳이 무등산 자락이었던 것으로 보인다. 부모 친척이 있는 것도 아니고, 처가 동네도 아니었다. 그렇다고 오고가다 눈여겨봐둔 땅도 아닌 듯하다. 전신민은 이곳에 칩거하며 무등산의 고려 때 이름인 서석산에서 글자를 취하여 호를 서은이라고 했다. 그는 〈독수정원운獨守亭原韻〉이라는 시에 자신이 이 정자를 세운 이유를 밝히고 있다.*

　　세월이 막막하여 생각이 많아지는데(風塵漠漠我思長)
　　어느 깊은 숲에 늙은 이 몸을 기댈까(何處雲林寄老蒼)
　　천리 밖 강호에서 백발이 되고 보니(千里江湖雙鬢雪)
　　한 세상 인생살이 슬프고 처량하네(百年天地一悲凉)

* 국윤주 외(2018), 독수정 명옥헌, 광주문화재단 누정총서1, pp.21-22, 도서출판 심미안.

독수정은 여느 정자와 달리 방문자와 첫 대면하는 쪽이 정면이 아니다.
이 작은 건물에도 북쪽 송도를 향한 충절의 마음이 녹아 있다.

왕손 기다리는 방초는 봄이 가는 것을 한탄하고(王孫芳草傷春恨)

제자 찾는 꽃가지는 달빛에 눈물짓네(帝子花枝吮月光)

바로 여기 청산에 뼈를 묻어(卽此靑山可埋骨)

장차 홀로 지킬 것을 맹세하고 집 한 채 지었네(誓將獨守結爲堂)

조선 태종 이방원의 회유에 단심가를 지어 화답하며 지조를 지켰던 고려 말 정몽주를 떠올리게 한다.

이 몸이 죽고 죽어 일백 번 고쳐 죽어

백골이 진토되어 넋이라도 있고 없고

님 향한 일편단심이야 가실 줄이 있으랴

정몽주를 사모했던 서은은 매일 아침 조복을 입고 곡배를 올린 것이다. 독수정은 이러한 충신의 절개와 후손들의 효를 상징하는 정자다. 정자에 오를 때마다 주변 경관에 취해 넋을 잃을 때가 많지만, 잠시나마 시간을 거슬러 올라가 정자의 주인이 되어보려 한다.

독수정은 그가 홀로 지키려 했던 신의와 품격, 그리고 그의 후손들이 몸소 보여 준 효행 등 정겨운 이야기를 품고 있다. 그저 입신출세와 부귀영화를 꿈꾸며 온갖 사욕과 권력을 좇아 철새처럼 살아가는 사람들, 그리고 현대를 살아가는 우리에게 마땅히 지켜야 할 소중한 가치가 무엇인지 말하고 있는 것 같다.

둘,
애환과 세월의 흔적에서
햇살과 바람을 발견하다

담양 소쇄원

소쇄원에 가을이 왔다

2018년 여름 유례없는 혹독한 무더위를 겪은 탓인지 서서히 가을 본색을 드러내는 주변 풍경들이 어느 때보다 더 반갑고 정겹게 느껴진다. 매년 만나게 되는 가을 풍경이지만 그때마다 받는 느낌은 조금씩 다르다. 파스텔 톤 봄의 향연을 시작으로 생동감 넘치는 강렬한 녹색 잔치를 벌였던 여름을 지나 탐스럽게 농익은 가을 풍경에 이르기까지 그저 색채 변화를 통해 주는 감동 하나만으로도 자연은 충분히 고맙다.

가을 풍경을 물끄러미 보고 있노라면 지난여름의 무더위쯤은 순식간에 잊히고 만다. 특히 자연 속에서 누군가의 흥미로운 사연을 접하고 가늠할 수 없는 시간의 흔적들을 느끼며 뭔가 미래 가치를 발견할 수 있다면 더할 나위 없이 좋은 에너지를 얻을 수 있다. 그런 장소 가운데 하나가 바로 우리 주변에서 어렵지 않게 만날 수 있는 별서정원이 아닐까.

나는 일부러 시간을 내서라도 이런 장소들을 즐겨 찾는다. 그 이유는 도시정원에서는 도지히 발견할 수 없는 자연미와 전통미, 그리고 알 수 없는 신비스러움이 가슴 벅차게 하기 때문이다. 게다가 이곳을 조성한 사람이나 다녀간 수많은 선인들이 남겼던 흔적과 이야기들을 통해 많은 감동과 교훈을 덤으로 얻는다. 아주 옛날 선인들의 탁월한 안목에 의해 들어선 누정과 그곳에서 조망되는 아름다운 자연풍경은 언제 보아도 참 각별하다.

해마다 어김없이 찾아오는 가을이지만 특히 소쇄원의 가을은 매번 설렘으로 맞이하게 된다. 소쇄원은 봄도 좋고 여름도 좋다. 하지만 가을 풍경은 그 깊이가 사뭇 다르다. 사람의 감수성을 자극하는 요소들이 풍경 구석구석에 배어 있다. 울긋불긋한 단풍의 시각적인 아름다움은 말할 것도 없고 코끝에 전해지는 상큼한 공기와 살갗을 스치는 기분 좋은 미풍도 만만치 않다. 게다가 한층 또렷

별서정원인 소쇄원 진입부 대숲 길은 조선시대 최고의 별서정원과의 대면을 앞둔
방문객들에게 설렘과 기대감을 더욱 고조시킨다.

해진 계곡 물소리까지도 가을을 더욱 정겹게 한다. 정원에 들어서자마자 만나게 되는 대숲은 소쇄원 안쪽으로 들어가도록 자연스럽게 길을 내어준다. 댓잎을 스치는 바람소리는 상쾌하게 귀를 씻어주고, 빽빽한 잎들 사이로 새어나오는 햇살은 어느새 온기가 되어 몸속으로 전해진다.

가장 처음 만나는 풍경은 초가지붕을 하고 있는 대봉대待鳳臺다. 별다른 문이 달려 있지 않은 담장 곁에 소박한 표정으로 마치 기다렸다는 듯이 반갑게 맞이해 준다. '봉황을 기다리다'라는 뜻을 가진 대봉대는 소쇄원을 찾는 손님들을 맞는 첫 대면장소인 셈이다. 이곳 별서정원 백미 중의 하나는 주인이 누구인지를 알려 주는 명패가 길게 걸려 있는 고색창연한 흙돌담장이다. 이 담장은 소쇄원에서만 볼 수 있는 독특한 아트갤러리라고 할 수 있다. 오랜 풍화작용으로 인해 생긴 돌담의 색깔과 질감의 미묘한 변화Gradation는 소쇄원의 고즈넉함을 담당한다. 좀 더 가까이 다가가 관찰해 보면 돌담에 붙어 있는 이끼를 시작으로 작은 식물들이 담 자락에 기대어 자라고 있다. 담장은 그 자체가 수직정원이고 상설전시작품이다. 담장에는 세 개의 멋진 서예작품이 걸려 있다. 애양단愛陽壇, 오곡문五曲門, 소쇄처사양공지려瀟灑處士梁公之廬라고 새겨진 글귀가 바로 그것이다.

먼저 애양단은 겨울철 북풍을 막기 위해 세운 단으로 대봉대 바로 옆에 위치한다. 애양단의 햇볕과 동백나무는 부모에 대한 애틋함이 배어 있어 양산보의 효심이 읽히는 대목이다. 뿐만 아니라 소쇄원 조성 당시 암울했던 시기에 바람은 막아 주고 햇살은 듬뿍 받게 하여 이곳을 찾는 사람들이 잠시나마 평화로운 시간을 맛보게 하려는 의도가 깔려 있는 것 같다. 이 작은 담장 하나를 통해 따뜻한 남도의 정을 표현하고 나아가 한층 행복한 세상이 오기를 바라는 마음을 담아내고 있다.

또 하나는 오곡문이다. 이곳은 내원 북동쪽 담장에 위치해 있는데 현재 문은 없다. 다만 사람들이 드나드는 주요 입구 중 하나였음을 알 수 있다. 원래 오곡

빛과 바람이 만들어낸 시간의 흔적을 고스란히 느낄 수 있는 광풍각의 예스런 담장.

은 남송 때 성리학의 대가 주희가 무이구곡 제5곡에 무이정사를 짓고 〈무이정사잡영武夷精舍雜詠〉, 〈무이구곡도가武夷九曲圖歌〉 등을 읊었던 곳이다. 오곡은 구곡 가운데 중심이 되는 곳으로 오곡문은 소쇄원의 가장 상징적인 경관이라고 할 수 있다. 곰곰이 생각해 보면 이 통로는 사람들만 드나드는 곳이 아니다. 가장 눈에 띠는 것은 거침없이 흐르는 계곡물, 그리고 바람, 생물들이 자유롭게 소통할 수 있도록 배려하고 있다. 담장 아래로 흐르는 계곡물을 보라. 물은 자연스럽게 오곡문 아래를 통과하여 절묘하게 폭포로 떨어지고, 그 폭포에서 부서지는 물보라와 청아한 낙수 소리는 선비들에게 영감을 주어 멋진 시화로 거듭나게 하지 않았던가. 만약 계곡물을 다른 곳으로 돌렸거나 막았다면 이 정원은 절반 이상의 가치를 잃어버렸을지도 모른다. 양산보는 자연과 사람들이 자유롭게 소통하며 더불어 행복한 세상, 그런 유토피아를 꿈꾸었는지도 모르겠다.

오곡문을 지나 위쪽을 올려다보면 기와를 씌운 흙돌담벽에 우암 송시열이 쓴 것으로 전해지는 '소쇄처사양공지려'라는 글귀가 선명하다. 지금으로 말하면 대문에 걸려 있는 명패 같은 것으로 '려廬'는 '오두막'이나 '초막'을 가리킨다. 소쇄瀟灑가 양산보梁山甫, 1503-57의 호라는 점을 감안하면 이곳이 소쇄공의 소박한 쉼터였음을 말해 주고 있다. 원래 입구에서부터 애양단에 이르는 기다란 담장에는 김인후가 1548년에 지은 사십팔영이 새겨진 목판이 박혀 있었으나 한때 담장이 유실되는 일을 겪으면서 함께 사라졌다고 한다. 대신 〈소쇄원사십팔영瀟灑園四十八詠〉은 제월당 내부에 걸려 있는 두 개의 현판에서 확인할 수 있다.

제월당霽月堂은 주인이 거처하며 조용히 사색하는 공간이었다면, 광풍각光風閣은 지인들과 담소를 나누거나 시를 짓는 교류와 창작의 공간이었던 것으로 보인다. 건물 내부에 걸려 있는 여러 현판 등을 보아 알 수 있듯이 소쇄원은 호남 사림문화를 이끈 한 축으로서 역할을 톡톡히 하였다. 면앙 송순, 석천 임억령, 하서 김인후, 사촌 김윤제, 제봉 고경명, 송강 정철 등이 드나들면서 이상과 현

소쇄원으로 진입하는 또 하나의 통로 오곡문.
사람은 물론 물과 빛과 바람이 자유롭게 소통하는 곳이다.

빛과 바람을 머금은 광풍각은 단순한 건물이 아니라, 풍경 철학의 상징이다.

실을 허심탄회하게 논하며 소통했던 곳이다.

소쇄원을 하나하나 뜯어보면 마치 한 도시의 축소판을 보는 듯하다. 미래도시가 어떻게 계획되고 디자인되어야 하는지 그 혜안을 제시하고 있다. 커뮤니티, 예술, 문학, 생태, 경관 등 종합적인 안목을 기를 수 있는 최상의 장소임에 틀림이 없다. 소쇄원의 가을 풍경은 이것저것 가릴 것 없이 풀 한 포기까지 다

광풍각이 주변 풍경의 가치를 상징했다면 제월당은 주변의 풍경이 모두 어둠으로 가려질 때
비로소 하늘의 달 마저도 풍경 속으로 끌어들여 관조했던 곳이다.

의미가 있다. 소쇄원 가을 풍경은 잠시나마 생각의 지평을 넓혀 준다. 삶의 지
혜와 너그러움을 배우게 하고, 자연과 예술과 교감하게 하며, 사람과 사람 간
의 소통에 대해 진지하게 생각하게 한다. 무엇보다 마땅히 지향해야 할 삶의 가
치와 인생의 소소한 즐거움이 무엇인지 깨닫게 해 준다. 올해도 소쇄원에 어김
없이 또 가을이 왔다.

소쇄원에서 풍경감상법을 배우다

소쇄원은 그리 넓지 않은 공간이지만 건물, 담장, 계곡, 식물 등 다양한 경관요소들이 함축적으로 조화롭게 들어서 있는 곳이다. 그런 면에서 풍경감상법을 제대로 배우기에 더없이 좋은 장소다.

풍경은 영어로 'Scenery'인데, 이 단어는 영화나 드라마에서 사용하는 'Scene(장면)'과 밀접한 관련이 있다. 고대 그리스에서 극장을 'Theatron'이라 불렀는데, 이것이 'Theatre'의 어원이다. 또 'Skene'는 원래 고대 그리스 배우들이 가면이나 의상을 갈아입거나 대사를 연습하는 곳이었는데, 나중에 무대배경이 된 공연장 뒤에 있는 건물을 말한다. 여기에서 'Scene'이라는 단어가 탄생했다. 장면이 연속적으로 나오면 그것을 'Sequence'라고 한다. 이 'Scene'에서 'Scenery'라는 단어가 파생된 것이다. 따라서 풍경은 무한대로 펼쳐진 자연에서 자신의 의지 혹은 풍경조건에 따라 시각적으로 인지되는 일정한 장면을 가리킨다. 이에 대한 생각은 한자문화권의 동양에서도 크게 다르지 않다. 풍경의 경景을 극이나 스케치 등에서 장면을 세는 단위로 사용하였기 때문이다. 실제 풍경을 일정단위로 구분하여 감상하게 된 것은 지역마다 아름다운 풍경을 자랑하기 위한 팔경문화에도 잘 나타나 있다.

우리 선조들은 단순히 팔경에 그치지 않고 풍경을 좀 더 잘게 쪼개어 독창적으로 해석하기 시작했다. 자연과 인간의 일체감에 대해 관심을 갖게 되었고, 예전보다 폭넓게 의미 부여하며 실제 삶에 적용하려고 노력해 왔다. 그런 의미에서 〈소쇄원사십팔영〉은 풍경감상법의 진수를 보여주는 좋은 본보기라고 할 수 있다.

제월당이나 광풍각에 잠시 걸터앉아 풍경을 감상하면서 정원을 찾은 사람들의 행동을 유심히 살펴보는 것도 참 흥미롭다. 뭔가 골똘히 생각하는 듯 사색을 즐기는 사람도 있고, 천천히 거닐면서 요리조리 살펴가며 감상하는 사람도 있다. 그런가 하면 그저 동네 유원지처럼 편하게 이용하는 사람들도 더러 있고, 뭐 그리 바쁜지 그저 인증 샷만 남긴 채 휘익 둘러보고 떠나 버린 사람들도 적지 않다. 사실 어떻게 이용하든 개인의 취향에 따라 감상하면 그만이다. 하지만 풍경과 정원이 주는 참맛을 느끼려면 평소보다는 귀 기울이고 눈여겨보려는 약간의 여유와 진지함은 필요하다.

북쪽 장원봉에서 흘러내리는 계류를 따라 정자, 담장, 화계, 연지 등 지형을 그대로 이용하여 조성한 소쇄원은 자연 경관미를 극대화하려 했던 조선시대 자연관을 잘 보여주는 대표적인 별서정원이다. 소쇄원은 원경, 중경, 근경을 볼 수 있도록 조성되었다. 그러나 소쇄원의 풍경은 그게 다가 아니다. 풍경 곳곳에 충, 효, 애, 정 등이 고스란히 녹아 있다. 이 조그마한 별서정원에서 시대적 애환을 읽고 세월의 흔적을 느끼며 소소한 행복의 본질이 무엇인지 잠시나마 생각하게 한다. 그래서 소쇄원은 단순히 풍경이라고 부르기보다는 시대적 정서와 남도의 따뜻한 정을 듬뿍 담고 있는 '정경情景'이라고 부르고 싶다. 가을이 다 지나가기 전에 소쇄원에 들러 아무도 모를 것 같은 나만의 정경 하나쯤 찾아 재미를 만끽해 보는 것도 좋을 듯싶다.

셋,
가던 길을 멈추고
그림자도 쉬어가다

담양 식영정

그림자도 쉬어가는 풍경, 식영정

차를 운전하다 보면 차창 밖으로 뜻밖의 아름다운 풍경을 만나거나 저녁 하늘
과 바다를 온통 물들인 노을 풍경이 시선을 사로잡을 때가 종종 있다. 그럴 때
면 조심스럽게 길가에 차를 세우고 눈요기를 실컷 하고 나서야 다시 가던 길
을 재촉한다. 너무 아름다워 도저히 그냥 지나칠 수 없는 풍경, 그것은 우리에
게 작은 위안이 되기도 하고 때로는 삶의 활력소가 되기도 한다. 그런 의미에
서 빠르고 분주하게 사는 현대인들에게 한 번쯤 숨을 고르고 잠시 쉬어가기를
권하고 싶은 곳이 있다. 무등산이 조망되는 담양군 남면 성산 끝자락에 걸려 있
는 식영정이다.

내가 바쁘면 주변도 온 세상도 더불어 바빠진다. 자신의 분주함 탓에 가장 정
신없이 바빠지는 것은 바로 자신의 그림자일 것이다. 잠시 가던 길을 멈추고 쉬
어간다면 더불어 그림자도 쉬어갈 수 있다. '그림자도 쉬어간다'는 의미를 가진
국가명승지 제57호 식영정息影亭은 바쁘게 살다 보면 자칫 자신을 돌아보지 못하
는 현대인들에게 주는 메시지와 울림이 적지 않은 것 같다.

식영정은 조선 명종 때의 문인 서하당 김성원棲霞堂 金成遠, 1525-97(자는 강숙)이 스
승이자 장인인 석천 임억령을 위해 지은 정자다. 김성원은 송강 정철의 처외재
당숙으로 그보다 열한 살이 많았는데, 송강이 성산에 와 있을 때 김윤제 문하에
서 함께 환벽당環璧堂에서 동문수학한 관계로 알려져 있다.

식영정은 정면 2칸, 측면 2칸인 팔작지붕으로, 방이 하나 있고 방의 정면과
좌측면으로 이어지는 'ㄴ자형' 널찍한 마루로 되어 있다. 한쪽 마루 벽 위에
는 '식영정'이라고 적힌 편액과 석천 임억령의 〈식영정기息影亭記〉와 송강의 〈식
영정잡영십수〉 한시도 걸려 있다. 또 다른 쪽 마루 벽에는 고경명과 김성원
의 〈식영정이십영〉 한시 제액도 있다. 〈식영정이십영〉은 식영정과 성산 근처

정자 기둥과 기둥 사이의 풍경과 문틀이 액자가 되어 그림으로 다가오는 풍경이
하나하나의 장면Scene, 景이 된다. 이 같은 풍경의 관찰이 〈식영정이십영〉과 같은
풍경시를 창조하게 되었을 것이다.

의 빼어난 풍광을 시로 옮긴 것이다. 서석한운, 창계백파, 벽오량월, 조대쌍송,
환벽영추, 노자암, 자미탄, 도화경, 부용당, 선유동 등 20개로 구성되어 있는
데, 석천 임억령이 먼저 시를 짓고 김성원, 고경명, 정철이 그 시를 20수씩 차
운한 것으로 모두 80수가 전해진다. 그래서 이들 네 사람을 '식영정 사선四仙'이
라고 부르기도 한다.

　본격적인 풍경을 감상하기 전에 식영정이라는 이름이 담고 있는 의미를 새겨
볼 필요가 있다. 석천 임억령이 쓴 〈식영정기〉는 그가 정자 이름을 식영정으로
결정한 일화와 더불어 조물주와 만물의 상관관계, 서술자 자신의 과거와 현재

를 비교하는 내용 등을 적어 놓은 글이다. 특히 김성원과 그의 장인 임억령 사이에 오고 간 대화내용에 주목해 본다. 식영정이란 이름은 《장자莊子》의 제물론 편에서 기인하는데, 김성원이 정자를 지은 후 석천에게 이름을 지어 달라 하자 대답한 대강의 내용은 이렇다.

　자네가 장씨(莊氏)의 말을 들은 적이 있는가? 옛날에 제 그림자를 두려워하는 사람이 있었는데 그림자에서 벗어나려고 달아났으나 그림자가 끝내 없어지지 않자 나무 그늘 아래로 들어갔는데 비로소 그림자가 보이지 않더라는 내용이지. 무릇 그림자는 한결같이 사람의 형체를 따라 다니기에 사람이 구부리면 구부리고 사람이 쳐다보면 쳐다보지. 또 가고오고, 행하고 그치는 것은 오직 형체의 행위를 따라 할 뿐이야. 그러나 그늘진 곳이거나 밤이면 사라지고, 밝은 곳이거나 낮이면 생겨나니 사람이 이 세상에서 처신하는 것도 또한 이와 같다는 얘기지. 옛말에 이르기를 "꿈에 본 환상과 물에 비친 그림자가 사람의 인생이다"라고 했네. 형체를 조물주에서 받았으므로 조물주가 사람을 희롱하는 것이 어찌 형체가 그림자를 부리는 정도에 그치겠는가? 그림자가 천 번 바뀌는 것은 형체의 처분에 달려 있고, 사람이 천 번 바뀌는 것 또한 조물주의 처분에 달려 있으니 사람 된 자는 마땅히 조물주의 부림을 따를 뿐이지 나에게 관여할 것이 무엇이겠는가! (중략) 내가 시원하게 바람을 타고, 조물주와 더불어 무리가 되어서 궁벽한 시골 들판에서 노닐 적에 거꾸로 비친 그림자도 없어질 것이며, 사람이 보고도 지적할 수 없을 것이니 이름을 '식영'이라 함이 또한 좋지 않겠는가.

여기서 문득 이사야 선지자가 세속에 빠진 이스라엘 백성에게 전하는 성서의 메시지가 떠오른다. "토기장이를 어찌 진흙같이 여기겠느냐, 지음을 받은 물건이 어찌 자기를 지은 자에 대하여 이르기를 그가 나를 짓지 아니하였다 하겠으

마루 벽에 걸린 〈식영정기〉 제액

며 빚음을 받은 물건이 자기를 빚은 자에 대하여 이르기를 그가 총명이 없다 하 겠느냐(이사야45장 9절)." 그림자는 욕망을 의미하기도 하지만 인간의 존재 자체에 비유하고 있음을 알 수 있다. 옛 사람들은 세속의 영향이 미치지 않는 곳을 그림자가 쉬는 요컨대 '식영의 세계'로 보고 그들의 이상향으로 여긴 듯하다. 결국 세속을 벗어나지 않고서는 이를 떨쳐 버릴 수 없다는 교훈을 주고 있다. 이 짧은 대화 속에 식영정이라는 이름에 담긴 의미는 물론이고, 인간의 본질과 삶의 자세에 대해 생각하게 하는 내용을 담고 있다.

식영정에 오를 때 제일 먼저 탄성을 자아내게 하는 것은 마치 용트림을 하듯 돌계단 상부에 당당하게 자리 잡은 한 그루 노송이다. 몸을 비틀며 치솟은 소나 무의 붉은 근육은 마치 노익장을 과시하듯 한껏 상기되어 있다. 이 노송은 김성 원과 임억령의 시선을 사로잡기에 부족함이 없을 뿐 아니라, 정철, 기대승, 김 인후, 고경명 등 당대의 내로라하는 시인묵객들의 발길을 머물게 한 일등공신 이 아닐까 생각해 본다. 노송 그늘 아래 다소곳하게 자리 잡은 식영정에는 식 영정 편액과 제액들을 만나게 되는데, 어려운 한자라서 그 뜻을 알아보기는 쉽지 않지만 마루 한쪽에 비치되어 있는 〈식영정이십영〉 등 해설자료와 누정 뒤편에 세워진 〈성산별곡〉 시비의 도움을 받아 찬찬히 읽으면서 당시의 풍경을 상상해 보는 재미가 있다.

좀 더 여유를 가지고 주변을 살펴보면 누정 좌측으로 예쁜 수련을 담고 있는 부용당 연못과 김성원의 호를 딴 서하당을 내려다보는 풍경도 제법 운치를 더해 준다. 다만, 누정 정면에는 밀생한 송림으로 인해 주변 풍경의 조망이 제한되어 있다. 사실, 기록으로 보면 근경으로는 목백일홍 군락으로 유명한 자미탄, 중경으로는 지금의 환벽당이 들어서 있는 한벽산, 원경으로는 무등산을 조망할 수 있었다. 하지만 우거진 송림과 새롭게 조성된 광주호(1976년 준공)로 인해 누정 앞을 흐르는 창계천을 비롯한 옛 풍경들은 더 이상 볼 수 없다. 현재는 광주호 풍경이 이를 대신하고 있는데, 갯버들, 갈대, 부들 등 습지식물들이 군락을 이루고 있어 송림 사이로 비친 호수 풍경을 감상할 수 있다.

아무래도 무등산 조망에 대한 미련이 남아 누정 뒤뜰로 발걸음을 옮겨 보았다. 마치 춘향의 얼굴을 훔쳐보려는 이몽룡의 심정으로 다시 무등산 쪽으로 시선을 가져갔다. 와! 이거로구나. 식영정 기와지붕 너머로 무등산(1187m) 봉우리가 아스라이 펼쳐진다. 누정과 송림, 그리고 무등산이 또 다른 한 폭의 그림으로 한눈에 들어온다. 누정이라는 좁은 공간에서 수많은 가사들이 쏟아져 나온 것이 우연이 아니었음을 말해 준다. 이런 창작이 가능했던 것은 그들의 섬세한 감성도 한몫했겠지만, 시점을 달리하여 자연을 관조하고 숨겨져 있는 다양한 아름다움을 찾아내며 자연을 통해 인생의 교훈을 배우면서 세상과 교감하려 했던 그들의 노력과 지혜가 더해진 덕분이 아닌가 생각해 본다.

식영정 돌계단에서 서하당과 부용당 연못 풍경이 내려다보인다.

식영정 근처에서 조망되는 광주호수공원 갯버들(근경), 환벽당 소나무 숲(중경),
멀리 실루엣처럼 보이는 무등산(원경)이 한 폭의 수묵화처럼 아름답다.

조선시대 최고의 열린 문학관, 창작의 보고

광주호를 끼고 있는 담양 남면과 광주 충효동 일대는 누가 뭐래도 전국 최고의 명승지를 자랑한다. 요즘 식으로 표현하자면 '명승지 특구' 혹은 '가사문학 클러스터' 쯤으로 불러야 할 것 같다. 이곳에는 식영정을 비롯하여 소쇄원, 환벽당, 취가정, 명옥헌, 독수정, 풍암정 등 무수히 많은 누정들이 모여 있다. 특히 소쇄원(제40호), 식영정(제57호), 명옥헌(제58호), 환벽당(제107호) 등이 국가명승지로 지정되어 있어 특정지역에 네 개의 명승지가 지정되어 있는 것은 쉽게 찾아보기 힘든 최고의 명승지 고장이라고 할 수 있다. 담양 한 동네에 세 개의 명승지가 존재한다고 해서 일찍이 일동삼승一洞三勝으로 불리고 있는 것은 익히 잘 알려진 사실이지만, 충효동의 환벽당이 하천 하나를 경계로 하고 있다는 점을 감안하면 결국 일동사승一洞四勝인 셈이다.

  이곳이 명승지로서 수려한 풍경을 갖춘 것이 매우 자랑스러운 일이지만 더욱 놀라운 일은 조선시대를 대표할 만한 시인묵객들의 교류와 창작활동이 어느 지역보다 활발했다는 사실이다. 식영정을 출입한 인물로는 면앙정 송순, 사촌 김윤제, 하서 김인후, 고봉 기대승, 소쇄 양산보, 옥봉 백광훈, 귀봉 송익필 그리고 김덕홍, 김덕령, 김덕보 형제들을 들 수 있다. 그리고 빼놓을 수 없는 또 한 사람이 있는데 바로 송강 정철이다. 정철은 식영정과 인근에서 그의 4대 가사 중 〈관동별곡〉을 제외한 3대 가사, 요컨대 〈성산별곡〉, 〈사미인곡〉, 〈속미인곡〉을 탄생시켰다. 그 가운데 식영정에서 지은 자신의 4대 가사 중 하나이자 가사문학의 백미라고 일컬어지는 〈성산별곡〉은 당시 25세(1560년)라는 비교적 젊은 나이에 창작되었는데, 그의 이후 작품 세계의 토대가 된 것으로 알려져 있다.

  〈성산별곡〉의 주제는 성산의 풍경과 김성원의 풍류를 예찬한 것이고, 담양

연못가에 들어서 있는 부용당 누마루에서
여유롭게 차를 나눈다.

엇던 디날 손이 星山(성산)의 머믈며셔

棲霞堂(서하당) 息影亭(식영정) 主人(주인)아 내 말 둣소

人生(인생) 世間(세간)의 됴흔 일 하건마는

엇디흔 江山(강산)을 가디록 나이 녀겨

寂寞(적막) 山中(산중)의 들고 아니 나시는고

松根(송근)을 다시 쓸고 竹床(죽상)의 자리 보아

져근덧 올라안자 엇던고 다시 보니

天邊(천변)의 썻는 구름 瑞石(서석)을 집을 사마

나는 듯 드는 양이 主人(주인)과 엇디흔고

滄溪(창계) 흰 믈결이 亭子(정자) 알픠 둘러시니

天孫雲錦(천손운금)을 뉘라셔 버혀 내여

닛는 듯 펴티는 듯 헌ᄉᆞ토 헌ᄉᆞ홀샤

山中(산중)의 冊曆(책력) 업서 四時(사시)를 모르더니

눈 아래 헤틴 景(경)이 철철이 절노 나니

듯거니 보거니 일마다 仙間(선간)이라

- 〈성산별곡〉 서사 원문*

의 성산에서 마주보이는 무등산의 변화무쌍한 자연을 관조하며 쏟아낸 내용이
다.** 서사와 본사, 결사 등의 순으로 구성되어 있는데, 서사는 김성원의 전원 풍
경에 심취한 내용과 식영정 주변의 아름다운 풍광을 노래하고 있고, 본사는 성

---

* 김신중, 문답체 문학의 성격과 성산별곡, 고시가연구8집, pp.75~76.
** 김진욱(2000), 성산별곡의 표현특성연구, 한국시가문화연구 7권, p.108.

어떤 지나가는 나그네가 성산에 머물면서,

서하당과 식영정 주인아 내 말을 들어 보소.

인간 세상에 좋은 일이 많건마는

어찌 한 강산을 갈수록 점점 좋게 여겨,

적막한 산중에 들어가고서는 아니 나오시는고

소나무 뿌리를 다시 쓸고 대나무 평상에 자리를 보아

잠깐 올라 앉아 어떠한가 하고 다시 보니,

하늘가에 떠 있는 구름이 서석을 집을 삼아,

걸쳤다가 나가는 모습이 주인과 비교하여 어떠한가

시내의 흰 물결이 정자 앞에 둘러 있으니,

하늘의 은하수를 누가 베어 내어,

잇는 듯 펼쳐 놓은 듯 야단스럽기도 야단스럽구나.

산속에 달력이 없어서 사계절을 모르더니,

눈 아래 펼쳐진 경치가 철따라 절로 생겨나니,

듣고 보는 것이 모두 신선이 사는 세상이로다.

– 〈성산별곡〉 서사 해석문

산의 사계절을 예찬하고 있으며, 결사는 전원생활의 멋과 풍류에 대해 서술하고 있다. 이곳이야말로 열린 문학관이자 살아 숨 쉬는 창작의 보고寶庫가 아니었나 생각해 본다. 다시 한 번 천천히 시를 읽고 잠시 눈을 감은 채 당시 식영정 일원의 풍경을 어슴푸레 상상해 본다.

넷,
송림을 거닐며
탐욕을 씻어내다

담양 송강정

유난히 소나무를 사랑한 선비, 송강 정철

광주와 담양을 잇는 국도 29호선과 담양–고창간 고속도로가 입체로 교차하는 지점인 담양군 봉산면 유산교 근처(일명 쌍교삼거리)를 지날 때 쯤 야트막한 구릉지에 유난히 우거진 솔숲이 한눈에 들어온다. 무심히 보면 우리 주변에서 흔히 볼 수 있는 한낱 뒷동산에 불과할 수도 있지만, 그 솔숲에 조선시대 가사문학의 대가 송강 정철松江 鄭澈, 1536-93의 얼이 서려 있는 유서 깊은 정자 송강정松江亭이 자리 잡고 있다.

송강정은 전라남도 기념물 제1호로 조선시대의 문인 정철이 머물며 탁월한 가사를 창작하고 다양한 문우들과 교분을 나누었던 곳으로, 식영정, 환벽당 등과 더불어 대표적인 송강유적으로 불린다. 정철이 동인들의 압박에 의해 대사헌 자리에서 물러난 후 낙향하여 초막을 짓고 살던 곳으로 당시에는 이 초막을 죽록정竹綠亭이라 불렀다 한다. 지금의 정자는 후손들이 정철을 기리기 위하여 1770년(영조46년)에 세운 것으로 정철의 호를 따라 송강정이라 하였다.

송강정은 솔향 가득한 솔숲 사이로 가파른 아흔아홉 계단을 오르면 맨 위쪽에 다소곳이 자리 잡고 있다. 정자는 동남향으로 앉혔으며 정면 3칸, 측면 3칸의 ㄷ자 마루와 방으로 구성되어 있는 팔작지붕 건물이다. 정자의 정면에 '송강정'이라고 새긴 편액이 있고, 측면 처마 밑에는 '죽록정'이라는 편액도 걸려 있다. 정자 주변에는 노송과 참대가 무성하고 배롱나무 몇 그루가 운치를 더해 준다. 동산 전체에 울창한 송림이 우거져 있어 소나무의 기상과 아름다움을 마음껏 감상할 수 있다. 송강이라는 호에서도 느껴지듯 정철이 얼마나 소나무를 좋아했는지 실감하게 된다. 송강정에는 화려한 수목이나 꽃이 있는 것도 아니고 연못을 조성하여 볼거리를 제공하고 있는 것도 아니다. 그저 흔한 소나무 밭에 정자 하나 달랑 지어놓고 소박한 생활을 영위하며 흐트러진 마음을 다잡았을

숲속 언덕 위의 송강정 풍경은 작은 정자 하나와 주변 몇몇 나무들로 구성되어 있어
어찌 보면 뻔한 풍경으로 치부될 수 있다. 하지만 자연은 한순간도 풍경을 그대로 두지 않는다.
그 어려운 일을 흙, 물, 바람, 빛이 해낸다.

소나무를 무척이나 사랑했던 송강 정철도 미소 짓게 했을 법한 송강정 뜰에
소박하게 피어 있는 배롱나무 꽃이 정겹게 느껴진다.

것으로 여겨진다. 소나무라는 단일 수종만으로도 이처럼 아름다운 풍광을 이룰 수 있다는 점에 새삼 고개가 끄덕여진다.

정자 정면 앞으로 봉산 들녘이 펼쳐져 있고 우거진 송림과 대숲으로 인해 조망이 제한되어 있지만 시선은 멀리 식영정, 환벽당, 무등산 쪽을 향하고 있다. 정자 좌측에는 환벽당, 식영정 쪽에서 시작된 증암천이 흐르고 있는데, 이 하천은 광주광역시 북구와 화순군 이서면, 담양군 남면과 경계에 있는 무등산 서쪽 봉우리에서 발원하여 영산강으로 흐르는 연장 15.64㎞에 이른다. 환벽당과 식영정 주변에서는 창계천이라고 했으며, 송강정 주변 구간은 송강이라고도 불렀다고 한다. 환벽당 앞 창계천은 송강이 멱을 감다가 김윤제를 만난 유서 깊은 사연이 있는 곳으로도 유명하다. 이 하천을 따라 수없이 거닐었을 송강의 모습을 상상해 보면 새삼 송강의 숨결이 느껴지는 것만 같다. 배후에는 멀리 병풍산과 삼인산의 스카이라인이 아스라이 펼쳐진다. 따지고 보면 송강정은 기능이 단순하고 정자 주변의 공간 용도를 엄격히 구분 짓지 않아 정면, 측면, 후면을 따지는 것은 큰 의미가 없다.

정철은 우의정이 되어 다시 버슬에 오를 때까지 4년여 동안 이곳에 머물며 〈사미인곡〉과 〈속미인곡〉 등을 창작했으며, 정자 바로 옆에는 그 사실을 확인할 수 있는 시비가 세워져 있다. 일찍이 정철은 1551년(명종6년) 과거에 급제할 때까지 10년여 동안 할아버지 산소가 있는 담양(당시 창평)에서 지낸 적이 있는데, 이때 나주목사를 지낸 환벽당의 주인 김윤제의 눈에 들어 그의 문하에 입문하게 되었고, 그 이듬해 17세에는 김윤제의 사위인 유강항의 딸과 결혼하게 되었다. 이곳에서 그는 스승 김윤제는 물론이고 임억령, 김인후, 송순 등에게 시가와 학문을 배웠으며, 이이, 성혼, 송익필 등과도 교유한 것으로 전해진다.

정철은 1560년(명종15년) 김성원이 성산에 건립한 서하당, 식영정을 배경으로 한 사계절 풍경과 서하당 주인인 김성원의 삶을 노래한 〈성산별곡〉을 지었으

며, 이후 〈사미인곡〉, 〈속미인곡〉, 〈관동별곡〉 등 4편의 가사와 시조 107수 등
을 지어 시조와 가사문학의 대가로서 면모를 보이며 당시 고산 윤선도와 더불
어 시가의 거장으로서 쌍벽을 이룬 것으로 평가받고 있다. 그래서 그런지 송강
정의 소나무는 여느 소나무 숲보다 훨씬 푸르고 더 당당해 보인다. 무던히 더웠
던 2018년 여름 잠시 바람 쐬러 들렀던 송강정, 은은한 솔향과 짙게 내린 소나
무 그늘이 여전히 인상 깊게 뇌리에 남아 있다.

한국인에게 가장 친근한 나무, 소나무

소나무를 사랑하는 마음이 어디 송강뿐이랴. "남산 위의 저 소나무 철갑을 두른
듯"으로 시작하는 애국가에 소나무가 등장한 것만 봐도 알 수 있듯이 한국인에
게 소나무는 참 각별하다. 소나무로 지은 집 안방 상량의 하얀 천 줄에 의지하
여 아이를 출산하고, 소나무장작을 지핀 온돌방 아랫목에서 산모는 몸을 추스
르고, 새 생명의 탄생을 알리는 금줄에는 여지없이 솔가지가 끼워졌다. 아이들
이 자라면서 마을 어귀 솔숲은 놀이터가 되고, 어른들에게는 땔감을 마련하여
이고지고 나르는 일터가 되며, 그곳에서 채취한 송화로 차와 떡을 해서 먹기도
했다. 제법 산다는 집엔 소나무가 그려진 십장생도 병풍이나 액자가 벽에 걸려
있었다. 건물이나 가구를 비롯한 여러 생활용품에도 소나무는 거의 빠지는 법
이 없었다. 소나무는 가난한 시절에 초근목피라 하여 나무껍질로 연명할 때도
소중한 구황식물이었다. 풀뿌리의 대표가 칡이라면 나무껍질의 대표는 소나무
였다. 그렇게 해서 우리네 한 세상살이가 모두 끝나면 소나무로 만든 관의 신세
를 지며 질긴 소나무와의 인연을 마감한다.
　이런 소나무를 1842년 네덜란드의 식물학자 쥬카르느Zucarinii가 일본에서 수

송강정이 들어서 있는 동산은 온통 소나무로 가득 차 있다. 하지만 어느 숲속의 소나무들과
달리 왠지 사람들에게 말을 건네는 듯 묘한 몸짓을 하고 있다.

집한 자료를 묶어서 발간했는데, 《일본식물지_Flora Japonca_》 1권에 소나무 학명Pinus densiflora Siebold et Zucc과 함께 '일본적송Japanese red pine'이란 이름으로 소개했다. 이후 안타깝게도 우리 소나무는 외국에 일본적송으로 알려져 있다. 하지만 국립수목원은 소나무를 한국적송Korean red pine으로 표기하는 등 새로운 영어표기를 수록한 《한반도 자생식물 영어이름 목록집》(2015)을 발간하여 이를 바로 잡고 있다.

소나무의 꽃말은 불로장수, 영원불변, 자비, 절개 등을 뜻한다. 이런 소나무의 기상과 아름다움을 누구나 좋아했다. 글 짓는 사람들은 시와 노래로 예찬했고, 화가들은 소나무의 다양한 아름다움을 멋지게 표현하였다. 소나무는 홀로 서 있을 때 고고한 자태를 뽐내며 독보적인 아름다움을 선보이고, 세 그루, 다섯 그루를 한데 모아 놓아도 절묘한 조화를 이루며 운치를 느끼게 해 준다. 어디 그뿐인가. 산 전체가 온통 소나무로 우거진 숲을 보고 있노라면 마치 군무를 펼치는 절제된 춤꾼들의 춤사위처럼 일사분란한 단순미에 빠져들고 만다. 사람들이 소나무를 정말 좋아했다는 것은 '거느리다'라는 뜻을 가진 솔率이라고 부르는 것을 통해서도 짐작해 볼 수 있다. 또 소나무는 한자로 '松'이라 하는데 '木'의 오른쪽에 '公'이 붙어 있어 소나무의 품격을 느끼게 한다. '나무의 공을 치하한다' 하여 소나무를 '송松'이라 부른 데서 유래한다. 소나무의 또 다른 매력은 은근과 끈기에 있다고 볼 수 있는데, 마치 우리 민족성과도 어울리는 품성 때문에 잘 비유되기도 한다. '세한지송백歲寒之松柏'이라 하여 '소나무와 잣나무의 푸른 기상은 겨울이 되어야 안다'는 뜻으로, 삼국지에서 방덕이 조조에게 투항한 지 얼마 안 되어 다시 관우와의 전투에서 패한 뒤 절개를 지켜 목숨을 버린 것에서 유래한 말이다. 이렇듯 소나무는 절개와 의리의 상징으로 묘사되며 늘 푸른 나무로 인식되곤 하였다. 하지만 알고 보면 소나무도 옷을 갈아입는다. 다만 사람들이 눈치 채지 못할 정도로 은밀하게 낡은 잎을 떨어뜨리고 새 옷으로 갈아입는다. 산천을 푸르게 하고 사람들에게 기쁨을 주기 위한 소나무의 속정을 느낄 수 있다.

　소나무를 예찬하는 고사성어 가운데 으뜸은 '송백상열松柏相悅'이 아닌가 싶다. 풀이하자면 '소나무와 잣나무가 서로 기뻐하다'는 뜻인데, 그 기뻐함이 참으로 가상하다. 소나무와 잣나무는 서로 비슷하여 유사한 분류로 소나무를 군자지수君子之樹, 잣나무를 현인지목賢人之木이라 하기도 한다. 그래서 군자의 지조를 송죽松竹이나 송백松柏에 비유한다. 문학의 고전에는 송죽이나 송백이 사군자보다 훨씬 강한 이미지로 자주 등장한다. 소나무와 잣나무는 서로 '라이벌'인 셈이지만 서로 경쟁을 벌이거나 또 시기, 질투를 하지 않는다. 오히려 정반대다. 요컨대 소나무가 잘 자라면 잣나무가 기뻐하고, 또 이웃의 잣나무가 잘 자라면 소나무가 기뻐하니 이 어찌 아름답지 않은가. 사실 소나무나 잣나무는 산천을 푸르게 하고 그로 인해 사람들을 기쁘게 하는 것이 공동 목표다. 그런데 사욕이 생기면 목표를 달성하지 못하고 마는 것이다. 소나무의 공公 정신이 빛나는 대목이다. 과도한 경쟁사회에 사는 우리에게 '뭣이 중요한지'를 새삼 생각하게 하는 작은 울림이 있다. 많은 사람들이 왜 소나무를 그토록 좋아하는지 그 이유를 조금은 알 것 같다.

다섯,
하늘을 우러르고
세상을 살피며
도리를 다하다

담양 면앙정

시가문학의 원조 문학관, 면앙정

남도의 상징인 무등산, 그 무등산에서 광주호를 거쳐 영산강을 향해 북쪽으로 흐르는 하천이 있는데 이를 증암천 혹은 창암천이라 부른다. 이 하천을 사이에 두고 이름만 들어도 바로 알 만한 유서 깊은 정자들이 즐비하게 들어서 있다. 소쇄원을 비롯하여 취가정, 독수정, 명옥헌, 식영정, 송강정 등이다. 이 정자들에 비해 하천에서 다소 떨어져 있다는 이유만으로 왠지 쓸쓸해 보이는 정자 하나가 있다. 바로 면앙정俛仰亭이다.

면앙정은 조선 중기의 문인이며 가사문학의 대가인 면앙정 송순宋純, 1493-1583이 자신의 호를 따서 고향마을 뒷산 언덕 위에 지은 정자다. 면앙정(전라남도 기념물 제6호)은 담양군 봉산면 제월봉 언덕 위에 자리해 있다. 인근에는 증암천을 사이에 두고 정철이 머물렀던 송강정이 있다. 송강정은 소나무 숲이, 면앙정은 참나무 숲이 각각 우거져 있는데 풍경이 주는 느낌은 사뭇 다르다. 면앙정은 제월봉 끝자락에 세워져 있다. 그래서 그런지 그다지 낯설지 않게 느껴진다. 그 이유는 아마도 귀에 익숙한 소쇄원의 제월당 때문일 수도 있는데, 제월당은 소쇄처사 양산보가 기거했던 건물이다. 이는 송나라의 황정견이 주돈이의 고상하고 시원스러운 인품을 비유적으로 얘기하면서 '햇살 좋은 날의 청량한 바람과 비 갠 후 밝은 달빛'이라는 뜻의 '여광풍제월如光風濟月'에서 따온 것으로 보인다. 이 두 곳이 지척에 있다는 점을 감안할 때 아마도 비슷한 이유로 같은 이름을 붙인 것이 아닐까 생각해 본다.

면앙정은 제월봉 끝자락 졸참나무, 상수리나무 등이 우거진 숲속에 세워져 있어 바깥에서 안을 보는 것도 안에서 밖을 조망하는 것도 자유롭지는 않다. 낙엽 지는 겨울철 외에는 가까이 다가가야 비로소 정자의 모습을 볼 수 있다. 150여 개의 계단이 있는 가파른 언덕길을 오르면 맞은편의 참나무 한 그루가 가장

먼저 반긴다. 200년이 훌쩍 넘은 수령을 자랑하며 보호수종으로 지정되어 있는 참나무가 씩씩하게 서 있어 그나마 이곳에서 시간의 흔적을 느낄 수 있다. 기세 등등한 숲속 나무들의 자태에 비해 자그마한 정자는 수줍은 듯, 겸손한 듯 한 껏 자세를 낮추고 있다.

면앙정에서는 화려한 꽃이나 나무들을 기대한다면 다소 실망할지도 모르겠 다. 하지만 이런 소박한 풍경 속에 있다 보면 오히려 드문드문 피어 있는 진달 래와 각종 들꽃, 그리고 단풍나무의 연초록 잎사귀들, 참나무 가지를 감아 오르 는 마삭줄 등과 같은 소소한 풍경들이 비로소 눈에 들어온다. 면앙정이라는 이 름에서 느껴지듯 아마도 이 정자 주인은 이런 소박한 풍경 속에서 보내는 시간 을 좋아했을 것 같다. 그가 그저 하늘과 땅을 보며 무슨 생각을 하고 어떻게 소 일했을지 자못 궁금해진다.

송순이 처음 이 정자를 세운 것은 나이 41세 되던 1533년으로 알려져 있다. 이후 그가 본격적으로 정자에 머문 때는 모든 관직에서 물러난 이후부터인 것 으로 보인다. 그가 지은 시를 보면 이 정자를 어떻게 의미 부여하고 있는지 짐 작할 수 있다. 송순은 김안로 세력이 집권하자 담양으로 귀향하여 정자를 세운 후 〈면앙정삼언가俛仰亭三言歌〉란 시를 썼다. 벼슬에서 물러나 홀가분한 마음상태에서 자연을 노래한 작품이다. 면앙정이라는 세 글자를 첫머리에 넣어서 지은 삼언시다.

고개 숙이면 땅이요 고개 들면 하늘이 있네(俛有地 仰有天)
그 가운데 정자 지으니 흥취가 호연하네(亭其中 興浩然)
풍월을 부르고 산천을 청해 보네(招風月 挹山川)
명아주 지팡이 짚고 백년을 보내리라(扶藜杖 送百年)*

《맹자》〈진심장盡心章〉에 나오는 '군자삼락君子三樂'의 두 번째 즐거움에 해당하는 "우러러 하늘에 부끄러움이 없고, 굽어 사람에게 부끄럽지 않은 것이 둘째 즐거움이요仰不愧於天 府不怍於人 二樂也"라는 구절을 인용하며 면앙정의 의미를 각인시키고 있다.

송순은 당시 기묘사화, 을사사화 등을 경험하면서 문필가로서 자신의 의지를 표명하기도 했다. 1519년 11월 기묘사화가 일어나 조광조가 유배되었다가 사약을 받고 죽자 송순은 그의 누명을 벗기려고 애썼지만 역부족이었다. 그는 평소 바른말 하는 것으로도 정평이 나 있었는데, 그때마다 소신 있는 글로 메시지를 남겼다.

특히, 1545년 을사사화를 겪으며 선생은 〈상춘가傷春歌〉를 지어 상심한 마음을 달래기도 했다.

새들은 연신 짹짹거리는데(有鳥嘵嘵)

* 권순열, 면앙 송순의 한시연구, 古詩歌硏究 第31輯, p.80.

면앙정 누마루에서 바라본 영산강변 들녘과 멀리 무채색처럼 희미하게 보이는 삼인산, 병풍산.

저 떨어지는 꽃을 슬퍼해서라네 (傷彼落花)

봄바람은 무정하니 (春風無情)

슬퍼한들 어찌하리오 (悲惜柰何)

〈상춘가〉는 봄을 슬퍼한 노래다. 을사사화로 인하여 화를 당한 사람들을 봄날 바람에 떨어지는 꽃에 비유하여 세상을 한탄한 노래다. 면앙정은 송순에게 안식처였고, 창작공간이었을 뿐만 아니라 하늘과 세상을 바라보며 자신의 입장에서 할 수 있는 최선의 도리를 생각하던 성찰의 장소였던 것이다. 면앙정은 임진왜란 당시 훼손되었고, 1654년 후손들에 의해 다시 지어진 후 몇 차례 보수를 거쳐 오늘에 이른다.

송순은 지금의 광주광역시 서구 서창 출신인 눌재 박상의 문하에서 수학하였으며, 김인후, 고봉 기대승, 제봉 고경명, 송강 정철, 백호 임제 등 쟁쟁한 인물들에게 영향을 준 정치가이자 호남시가의 원조이며 학문의 대가다. 선생은 1493년(성종24년) 현 담양군 봉산면 기곡리 상덕마을에서 태어났다. 1513년 21세에 진사가 되고, 1519년 별시문과 을과에 급제, 승문원 권지부정자라는 벼슬을 하였다. 그가 과거에 급제했을 때 시험관이었던 조광조는 그의 문장이 김일손 이후 최고라 칭찬했다고 한다. 송순은 예술적 기질이 탁월하여 가야금을 잘 탔고 풍류를 아는 지성인이었다. 이후 그는 나이가 많아 벼슬을 사양하고 물러나기까지 50여 년간 관직에 있으면서 세 번의 사화를 겪었고 주변 사람들의 안위를 걱정하며 군자다운 인품과 원만한 대인관계를 유지했다고 한다. 덕분에 면앙정에 시인묵객들의 발길이 끊이지 않았다고 한다.

면앙정을 소재로 한 시가만 헤아려도 600여 수, 국문학 가사도 20여 편에 이르러 면앙정은 우리 국문학의 보고라고 해도 과언이 아니다. 식영정에 이십영이 있고 소쇄원에 사십팔영이 있듯이 면앙정에는 삼십영이 있다. 또 면앙정은 송순의 대표 문집인《기촌집錦村集》,《면앙집》등 16세기 시조문학의 정수를 쏟아낸 곳이고 가사문학의 풍성한 열매를 맺은 곳으로 명실공히 시가문학의 '원조 문학관'이라고 할 수 있다.

소소한 삶 속에 행복이 있다

유배를 당한 불가피한 상황이었건, 관직을 그만두고 고향으로 돌아왔건, 애초부터 자연이 좋아서 정착하였건, 그 이유는 각각 다르지만 정자에 모여 교분을 나누었던 사람들에겐 몇 가지 공통점이 있다. 국가관이나 인생관 등 그들의 가치관이 분명해 보이고 무엇보다 자연을 참 좋아했다는 점을 들 수 있다. 단순히 자연을 즐기는 것에 그치는 것이 아니라 자연과 교감하고 또 영감을 얻어 문학과 예술로 승화시켰으며, 더불어 자연의 이치를 통찰하며 오롯이 삶의 바른 길을 모색하고자 노력했다는 점이다. 무엇보다 그들은 작고 단순한 삶을 지향했다는 점을 알 수 있다. 그저 두어 평 남짓의 작은 정자 안에서 일궈낸 정신적, 예술적 창조물들은 따지고 보면 어떤 편견도 없이 그들을 받아 준 너그러운 자연이 있었기에 가능했던 것이 아닌가 생각된다.

면앙정이 주목한 것은 하늘과 땅, 요컨대 하늘을 우러러 부끄럼 없이 살고, 땅을 내려다보며 동시대를 살아가는 백성들의 안위도 함께 마음에 두면서 마땅히 가져야 할 사람의 도리에 관한 것이다. 요즘 풍요로운 물질문명의 홍수 속에 살면서 느끼는 권태로움 때문일까 일부에서 스몰 라이프에 대한 관심이 대두되고 있다. 사실, 단순한 삶이나 작은 것에 대한 이야기는 예나 지금이나 다르지 않다. 슈마허는《작은 것이 아름답다》는 저서에서 작은 것에 대해 경제학 관점에서 새로운 패러다임을 제안했다.* 자본주의의 발달과 함께 경제적 효율성이 판단의 기준이 된 것이 사실이다. 경제적인 효율성이 없으면 그것이 아무리 고상하고 이상적인 것이라 할지라도 논의의 대상이 되지 못했던 것이다. 농사를 짓더라도 투입된 것에 비해 소출이 적다면 의미가 없는 것으로 치부되었다. 어쩌면 경제적 효율이 중시되는 시대에는 농사만큼 어리석은 일을 찾아보기 힘들지도 모른다. 가족들이 먹을 채소를 직접 키우기 위해서는 씨를 뿌리고 솎아주고, 벌레를 잡고, 풀을 뽑아야 한다. 종자 값에 노동력까지 생각하면 시장에서 사먹는 것이 훨씬 경제적이다. 그럼에도 불구하고 우리가 직접 채소를 키우고 요리해서 먹는 이유는 경제적인 효율보다 건강과 정서적 교감이 훨씬 소중하기 때문이다. 이런 이유로 슈마허는 경제적 효율보다 더 소중한 가치들이 있다고 주장한다. 그것은 지속 가능성과 인간다운 삶이다. 그렇다, 그런 관점에서 대표적으로 고마워해야 할 분들이 있다. 바로 농부들이다. 온갖 어려움을 감수하고 농사를 짓고 있는 고령의 농부들이 만약 그 일을 그만둔다면 우리들이 그린 카펫Green carpet이니 황금물결이니 예찬하면서 감탄하던 농촌의 아름다운 풍경도 더 이상 지켜지지 못할 것이기 때문이다.

한편, 인도의 정신적 상징인 간디는 그의 이야기를 다룬 저서 《마을이 세계를 구한다》에서 "미래세계의 희망은 아무런 강제와 무력이 없고, 모든 활동이 자발적인 협력으로 이뤄지는 작고 평화로우며 협력적인 마을에 있다"**고 말했다. 필요한 것 이외에는 가지지 않는 생활방식이다. 적게 소유함으로써 여유를 가지고 삶의 중요한 부분에 집중하는 것에 의의를 둔다. 물건을 적게 가지는 것뿐 아니라 '단순하고 의미 있는 삶'을 추구하는 방식이다. 이처럼 생활 속에서 미니멀 라이프를 실천하는 사람을 가리켜 '미니멀리스트Minimalist'라고 한다.

---

* E. F. 슈마허(2013), 작은 것이 아름답다, 문예출판사.
** 마하트마 간디 지음, 김태언 옮김(2015), 마을이 세계를 구한다, p.19, 녹색평론사.

면앙정은 누정 주인이 말년에 보냈던 소박한 삶을 반영하듯 정자도 소박하다.
그래서 보는 이도 크게 욕심 부리지 않게 된다. 세로로 뻗은 기와지붕선과 가로
로 형성된 돌계단의 실루엣이 주는 앙상블만으로도 흡족해한다.

미니멀 라이프는 2010년 무렵 영미권에서 시작되었다. 이를 주도한 사람은 웹사이트 '미니멀리스트닷컴TheMinimalists.com'을 운영하는 조슈아 필즈 밀번Joshua Fields Millburn과 라이언 니커디머스Ryan Nicodemus다. 그들은 이전까지 좋은 직장을 얻어 고급 자동차와 좋은 집을 소유하고 있었지만 행복하지는 않았다고 밝혔다. 일주일에 70-80시간 일하면서 물건을 사는 것으로 공허함을 대신 채웠으나 자신의 삶을 통제하지는 못했기 때문이다. 2011년 밀번과 니커디머스는 30세의 나이에 회사를 그만두고 《미니멀리즘: 의미 있는 삶Minimalism: Live a meaningful life》을 출간하고 미니멀 라이프에 대한 멘토링 활동을 시작했다. 해당 저서는 2013년 한국에서 《두 남자의 미니멀 라이프》라는 제목으로 출간되었다. 비슷한 시기 일본에서도 미니멀 라이프에 해당하는 '단샤리' 열풍이 시작되었다. 단샤리란 '끊고 버리고 떠난다'는 뜻으로 요가의 행법인 단행斷行, 사행捨行, 이행離行에서 딴 말이다. 야마시타 히데코山下秀子가 자신의 저서 《단샤리斷捨離》에서 처음 사용했다. 그녀는 평범한 주부에서 수납부문 카운슬러이자 컨설턴트가 되었다. 이 책은 《버림의 행복론》이라는 제목으로 국내에서도 번역되어 출간되었다. 단샤리의 '단'은 불필요한 물건을 사지 않는 것, '샤'는 집에 있으면서 사용하지 않는 물건을 버리는 것, '리'는 물건에 대한 집착에서 떠나는 것을 의미한다.* 단, 야마시타 히데코 본인은 단샤리는 '과잉'을 배제하려는 태도이므로 '최소한'의 것을 추구하는 미니멀 라이프와는 다소 차이가 있다고 밝힌 바 있다. 최소도 아니고 최대도 아닌 최적을 추구하는 삶이라고 덧붙여 설명하기도 했다.

어쨌든 자연은 우리가 찾는 소소한 질문에 대한 대답을 끊임없이 제공해 준다. 만일 우리가 그 사실을 알아차리지 못했다면 관심이 없었거나 귀 기울이지 않았기 때문일 것이다. 면앙정이 주목한 땅과 하늘은 사실 짧은 두 단어에 불과

---

* 야마시타 히데코 지음, 박전열 옮김(2011), 버림의 행복론, p.16, 서울문화사(주).

하지만 어쩌면 전 우주를 상징하기도 한다. 또 신과 사람 혹은 천국과 세상, 이상과 현실, 본질과 현상 등을 두루 생각하게 한다. 우리가 사는 세상엔 많은 지식과 다양한 풍조가 있지만, 사실 면앙정이 얘기하고자 하는 취지에 따라 생각해 보면 우리가 어떻게 살아야 하는지 작은 실마리 정도는 얻을 수 있지 않을까. 많은 사람들이 소유하거나 눈으로 확인하는 것을 통해 행복을 얻으려고 하지만, 행복은 자연 속이나 온 세상을 다니며 숨겨진 보물을 찾는 방법으로 찾아지는 것이 아니라 어쩌면 그 가치와 이치를 깨달아가는 과정 속에 있지 않을까. 그런 면에서 작은 정자 하나 덜렁 들어서 있는 소탈한 풍경의 면앙정은 지금까지 느끼지 못한 색다른 행복을 느껴볼 수 있는 최적의 장소가 아닐까 생각해 본다. 어느 햇살 좋은 날 가벼운 옷차림으로 면앙정 나들이에 나서 보는 것은 어떨지 권해 보고 싶다.

여섯,

배롱나무 붉은 꽃잎에

마음을 뺏기다

담양 명옥헌

무더위를 잊게 하는 최고의 여름정원, 명옥헌

담양은 자타가 공인하는 물 좋고 햇살 좋은 곳이다. 지명으로 못 담潭에 볕 양陽을 사용하고 있는 것만 봐도 알 수 있다. 물과 관련해서는 두말할 필요가 없을 것 같다. 담양은 영산강이 시작되는 곳이고, 또 광주호와 담양호 등 커다란 담수호가 조성되어 있으며, 크고 작은 하천도 즐비하다. 그리고 볕이 좋아 식물이 잘 자라는 것으로도 유명한데, 농작물은 물론이고 꽃과 수목도 제법 잘 자란다. 담양은 원래 대나무로 유명하지만 메타세콰이아, 관방제의 하천 숲 등이 아름다운 곳이며, 거기에 배롱나무, 소나무 등도 빼놓을 수 없다.

이렇게 담양이 물 좋고 산 좋고 풍광이 수려하다 보니 자연스럽게 시인묵객들의 마음을 사로잡았을 것이다. 결국 그들이 담양에 누정을 짓고 자연을 노래하며 교분을 나누다 보니 어느덧 조선시대 최고의 가사문학 산실이자 타의 추종을 불허하는 정원문화의 고장이 되었다. 명옥헌, 소쇄원, 식영정, 면앙정, 송강정 등 수많은 누정들이 산자락마다 이웃하여 세워져 있는 것을 볼 때마다 그저 신기할 따름이다.

누정이 있는 풍경은 저마다 독특한 매력을 가지고 있지만 명옥헌은 연못과 배롱나무로 특화한 비교적 심플한 정원이다. 거기에 노송과 각종 노거수들이 예스러움을 더해 주고 있어 정원을 더욱 맛깔나게 한다. 명옥헌鳴玉軒(국가명승 제58호)은 조선 중엽에 명곡 오희도明谷 吳希道, 1583-1623가 자연을 벗하여 살던 곳으로, 그의 아들 오이정이 선친의 뒤를 이어 이곳에 은거하면서 가꾸었던 정원이다.

오이정은 풍광이 수려하고 조망이 양호한 도장곡道藏谷에 정자를 짓고 그 앞에 연못을 파서 주변에 배롱나무와 소나무를 심어 정원으로 가꾸었다. 명옥헌은 연못으로 흘러들어가는 계곡물 흐르는 소리가 어찌나 청아한지 마치 옥구슬이 부딪히며 내는 소리와 같다 하여 붙여진 이름이다. 명옥헌에는 상지와 하지

두 개의 연못이 조성되어 있다. 개울물을 그냥 흘려보내기 아쉬워 정자 우측에 작은 연못을 파고 잠시 머무르게 하여 감상한 후 다시 정자 앞의 큰 연못으로 보내어 흐르는 물과 연못의 풍광을 즐겼던 것으로 보인다. 이 연못은 모두 네모 난 형태를 갖추고 있고 안에는 둥근 모양의 섬이 조성되어 있다. 조선시대 정원에서 흔히 볼 수 있는 방지원도*의 풍경이다. 이는 천원지방天圓地方, 요컨대 우리가 살고 있는 땅은 네모나고 하늘은 둥글다고 여긴 선조들의 우주관에서 비롯되었다. 고대 중국의 수학 및 천문학 문헌인《주비산경周髀算經》에 "모난 것은 땅에 속하며 둥근 것은 하늘에 속하니, 하늘은 둥글고 땅은 모나다"라고 기록되어 있어 당시의 우주관을 말해 주고 있다. 요컨대 하늘이 둥글다는 것은 해가 뜨고 지고, 별이 돌고 돌아 제자리로 돌아오는 현상에 착안하여 하늘은 무한하고 동적이며 순환적이라는 인식을 가졌고, 반면 땅이 네모라는 개념은 일차적으로 천체를 돌면서 움직이는 하늘과 대비하여 움직이지 않고 제자리에 머물러 있는 정적이고 유한한 대상으로 인식한 것이다. 이 작은 연못에 땅과 하늘을 표현하여 생로병사, 입신출세 등 현실로부터 자유로워지고자 하는 사람들의 이상향에 대한 동경이 담겨 있음을 알 수 있다.

　명옥헌은 정면 3칸, 측면 2칸의 아담한 규모의 정자다. 정자 한가운데 방이 하나 있고, 그 주위에 ㅁ자 마루를 놓은 형태로 전형적인 별서정원의 특징을 담고 있다. 이런 형식은 소쇄원, 식영정, 환벽당 등 인근의 정자들과 크게 다르지 않다. 하지만 인근의 다른 누정들이 시인묵객들의 교유장소로 활용되었던 것과는 달리 정자에서 머무르며 학문을 수양하거나 후학들을 가르치는 교육공간으

---

* 우리나라에서 물을 활용한 정원기법으로는 관개기술을 도입하여 수도경작水稻耕作을 했던 삼국시대까지 거슬러 올라가는데, 김제 벽골제, 제천 의림지 등을 들 수 있다. 이후 지당, 정천, 유상곡수 등 다양하게 활용되었는데, 조선시대에는 곡지보다는 직선형태의 방지를 선호하게 된다. 특히 방지 안에 둥근 섬을 만들었는데, 이를 방지원도方池圓島 양식이라고 부른다. 이는 대자연의 섭리를 함축적으로 표현한 것인데, 음양오행설, 신선사상 등의 영향을 받은 것으로 국태민안, 불로장생 등을 기원하는 의미를 담고 있다.

명옥헌은 배롱나무 잎이 필 무렵 가장 인기가 있다. 이때가 되면 작은 정자는 손님맞이로 분주해진다. 물끄러미 풍경을 감상하는 사람, 간단한 음식을 나누는 사람, 마주앉아 담소하는 사람, 마루기둥에 몸을 기대 쉬고 있는 사람들에게 기꺼이 자리를 내어준다.

로 활용했던 것으로 알려져 있다. 명옥헌 풍경은 여느 누정에서 느낄 수 없는 친근감이 있다. 아무래도 명옥헌을 만나기 위해 정겨운 후산마을 골목길을 지나온 덕분인지도 모르겠다.

오희도는 1602년(선조35년)에 사마시와 1614년(광해군6년) 진사시에 합격했으나 어머니를 모시기 위해 벼슬보다는 효를 택하여 후산마을에 정착했다. 마을 뒷산 기슭에 망재라는 소박한 서재를 마련하여 학문에 전념하며 여유롭게 풍광을 즐겼던 것 같다. 송강 정철의 아들 정홍명이 명옥헌에서 남긴 글 〈명옥헌기鳴玉軒記〉에는 명옥헌에 대해 "오명중(본명 오이정)이 전원에서 지조를 지키며 세상에서 구차한 삶을 구하지 아니하고 마침내 뒷산 기슭에 들어가 두어 칸 집을 지었다"고 언급되어 있다.*

정자 오른편에 있는 계류를 거슬러 오르다 보면 조그마한 바위가 눈에 띄는데, 이곳에 우암 송시열이 쓴 것으로 전해지는 '명옥헌 계축鳴玉軒 癸丑'이라는 글씨가 새겨져 있다. 송시열이 그의 제자 오기석을 아끼는 마음에 '명옥헌'이라는 이름을 짓고 계곡 바위에 새긴 것이다. 이후 오기석의 손자 오대경이 연못을 파고 정자를 지으며 본격적으로 정원을 가꾼 것으로 전해진다. 명옥헌에 걸려 있는 '삼고三顧'라는 편액도 자못 흥미롭다. 인조가 왕위에 오르기 전에 오희도를 중용하기 위해 직접 찾아와 삼고초려했다는 것이다. 인조는 반정 직전에 세상을 돌며 뜻을 함께할 사람들을 찾아다니다 만난 선비 오희도를 등용하기 위해 공을 들였다고 한다. 제갈공명을 찾아간 유비가 세 번 방문했었던 것으로 익히 알려진 고사가 여기에서 재현된 셈이다.

정자에 걸터앉아 바라보는 연못과 배롱나무, 노송들이 어우러져 만들어낸 명옥헌의 여름 풍경은 무더위를 잊게 할 만큼 절경이다. 그 풍경에 빠지면 다른

---

* 국윤주 외(2018), 독수정 명옥헌, 광주문화재단 누정총서 1, p.139, 도서출판 심미안.

곳으로 눈 돌리기가 쉽지 않다. 온통 붉게 물들인 배롱나무 연못을 실컷 구경한 후 발걸음을 정자 뒤편으로 옮겨 고개를 들면 저 멀리 보일 듯 말 듯 삼인산과 병풍산이 시야에 들어온다. 왼편은 자그마한 저수지와 과수원이 보이고, 입구 쪽으로 천천히 발길을 옮겨 적당히 높은 곳을 찾아 다시 돌아보면 멀리 무등산도 조망할 수 있다. 오른편은 목맥산에서 후산으로 이어지는 산등성이가 비스듬히 내려앉아 아늑한 느낌을 준다. 명옥헌에 붉은 배롱나무 꽃이 흐드러지게 필 때면 무릉도원이 따로 없음을 실감한다.

선비들에게 사랑받은 배롱나무

배롱나무는 예나 지금이나 많은 사람들로부터 사랑받아 온 나무임에 틀림없다. 그래서인지 본명(학명: Lagerstroemia indica L.) 말고도 부르는 별명이 참 많다. 7월부터 9월까지 100여 일 동안 꽃이 피어 있다고 해서 목백일홍이라고 부르고, 또 당나라 장안의 자미성에 많이 심었다고 해서 '자미화'로 부른 것으로 전해진다. 당나라 현종이 배롱나무를 너무 좋아해 장안의 성읍을 자미성으로 바꿔 불렀을 정도다. 현종과 양귀비의 비련을 〈장한가〉로 노래했던 시인 백거이는 〈자미화〉라는 시에서 자신을 자미옹이라 부르며 배롱나무를 예찬한 바 있다.

배롱나무는 중국 남부가 고향인 것으로 알려져 있는데, 배롱나무는 꽃이 오래 피는 특징 말고도 껍질이 특이해서 사람들의 눈길을 끈다. 오래된 줄기의 표면은 연한 붉은 기가 들어간 갈색이고, 얇은 껍질이 떨어지면서 생긴 흰 얼룩무늬가 반질반질해진다. 이런 나무껍질을 보고 '파양수' 혹은 '간지럼나무'라고도 한다. 실제 간지럼을 태우면 가지들이 흔들리는데 그 모습이 마치 사람이 간지럼 타는 모습과 흡사하다 하여 붙여진 이름이다.

연못과 어우러져 몽환적 풍경을 연출하고 있는 명옥헌 배롱나무 숲정원.

우리나라에 들어올 때 자미화는 보라 꽃이 아닌 붉은 꽃이 먼저 들어오지 않았나 싶다. 왜냐하면 자미화가 들어오고 나서 오래 지나지 않아 쓴 것으로 짐작되는 15세기 문인 강희안이 편찬한 원예서 《양화소록養花小錄》에 "사람들이 꽃의 이름과 품종을 제대로 몰라서 자미화를 백일홍이라고 한다"*라는 내용이 있어 당시 저자인 강희안도 붉은 꽃 자미화를 접했던 것으로 생각된다. 꽃이 오래 핀다고 하여 백일홍나무라 하였고, 세월이 지나면서 배기롱나무로 불리다가 지금의 배롱나무가 된 것으로 추측된다. 사육신 중 한 분인 성삼문은 "지난 저녁 꽃 한 송이 지고/오늘 아침 꽃 한 송이 피어/ 서로 일백 일을 바라보니/너를 대하여 좋이 한 잔 하리라"는 시까지 남겼다. 도종환 시인도 백일홍에 대한 감상을 시로 옮겨 놓았다. "가만히 들여다 보니/한 꽃이 백일을 아름답게 피어 있는 게 아니다/수없는 꽃이 지면서 다시 피고/떨어지면 또 새 꽃봉오릴 피워 올려/목백일홍 나무는 환한 것이다/꽃은 져도 나무는 여전히 꽃으로 아름다운 것이다." 그렇다, 사실은 한 번 핀 배롱나무 꽃이 100일 내내 피어 있는 것이 아니다. 일찍 핀 꽃은 지고 또 새로운 봉우리들이 차례대로 꽃망울을 터트리는 것이다.

남송의 시인 양만리는 그가 지은 시 〈납전월계臘前月桂〉에서 "지도화무십일홍只道花無十日紅 차화무일무춘풍此花無日無春風"이라 노래했다. '꽃이 피어 열흘을 못 넘긴다. 하지만 이 꽃만은 날도 없고, 봄바람도 필요 없다'는 뜻이다. 요즘 이 말은 화무십일홍花無十日紅, 인불백일호人不百日好란 표현으로 더 많이 쓰인다. '꽃의 붉음이 열흘을 넘기지 못하고, 사람의 좋음이 백일을 가지 않는다'는 뜻이다. 또, 화무십일홍花無十日紅 권불십년權不十年으로 엮어 얘기하기도 한다. 결국, 꽃의 아름다움도 사람의 인품도 다 한계가 있고 권력도 버틴다고 되는 게 아니므로 권력을 멋대로 휘두르거나 권력을 잡으려고 안달하지 말아야 한다는 교

---

* 강희안 지음, 선윤희 외 옮김(2012), 양화소록, p.96, (주)눌와.

훈을 읽을 수 있다.

배롱나무는 명옥헌이 최고로 절경이지만 소쇄원, 식영정, 환벽당 등 조선 문인들의 정자가 밀집해 있는 광주호 상류 증암천의 옛 이름이 자미탄인 것으로 보아 하천과 어우러진 배롱나무 풍경이 얼마나 아름다웠을지를 짐작케 한다. 지금은 광주호 조성으로 인해 사라졌지만, 임억령, 김성원, 고경명, 정철 등이 자미탄의 아름다움을 예찬한 시가들을 통해 상상해 볼 수밖에 없을 것 같다. 배롱나무들을 왜 조선시대 누정 주변에서 흔히 볼 수 있는지 그 이유를 어렴풋이 알 것도 같다.

배롱나무는 '떠나간 벗을 그리워한다'는 꽃말을 가지고 있다. 어떤 이는 죽마고우 같은 소싯적 벗을 떠올릴 수도 있고, 또 다른 이는 시가를 읊조리며 교분을 나누던 문우를 생각할 수도 있을 것이다. 또 다른 차원에서 보면 정치적 동지나 권력을 벗으로 여긴 사람도 있을 것이다. 꽃은 피고지기를 되풀이하고, 기운 달도 다시 차오르는 삼라만상의 이치를 보며, 화려하게 피어나고 환하게 빛날 순간을 위해 기다리는 꽃과 달처럼 어쩌면 그들은 새로운 세상을 못내 그리워했는지 모르겠다.

일곱,
소나무에 걸린 달이
꿈처럼 서늘하다

광주 환벽당

사시사철 짙푸른 환벽당

무엇이 환벽당 주변을 그토록 푸르게 만들었을까? '짙푸름이 주위를 두른 집'이라는 뜻을 가진 환벽당環碧堂은 무등산 자락인 광주호 상류 창계천변 언덕바지에 위치해 있다. 사촌 김윤제沙村 金允悌, 1501-72가 노년(1551년경)에 자연을 벗 삼고 후학양성을 위해 세운 정자다.

임억령은 〈환벽당〉 시를 읊었는데, 여기서 "창송오월추蒼松五月秋", 요컨대 '오월에도 가을 느낌이 든다'며 솔밭의 푸름을 노래했고, 두 번째 차운에서도 "몽량송월상夢凉松月上", 즉 '소나무 위에 걸린 달, 꿈처럼 서늘하다'고 했다. 그는 지긋한 나이가 들어 〈환벽당〉이라는 또 다른 시 첫머리에 "만산위처일천횡萬山圍處一川橫"이라고 읊었는데, 이는 '온 산이 그 주위를 두르고 있고 그 사이로 한줄기 시내가 흐르다'는 뜻이다. 실제 무등산과 성산 등의 녹음이 에워싸고 있고, 그 앞을 푸른 개울이라는 이름을 가진 창계천이 흐른다. 또 김윤제가 부안군수로 재직 중에 환벽당에 들러 머문다는 소식을 들은 면앙정 송순은 '문부안쉬김공공노래우환벽정 희증사수聞扶安倅金公恭老來寓環碧亭 戲贈四首'라는 제목으로 칠언절구 4수를 지어 두 사람이 절친한 관계임을 과시했다. 그가 이 시에서 "소나무 아래 맑은 못과 바위 위의 정자"라는 시구와 "소나무와 대나무를 몸소 이식하여 30년 세월이 지나"라는 표현을 쓴 것으로 보아 주위를 에워싸고 있는 소나무와 대나무, 그리고 시냇물이 환벽당을 그토록 짙푸르게 했음을 알 수 있다. 아름다운 정원이 오랜 세월 동안 공들여 가꾸어졌음을 말해 주고 있고 환벽당이라는 이름도 그냥 얻어진 것이 아님을 알 수 있다. 동리 이은상은 이 정원의 아름다움을 함축적으로 잘 표현하고 있다.

경치는 도연명의 무릉도원이요(境似桃源洞)

사시사철 푸르다는 환벽당도 가을엔 가을색을 입는다.

시내는 왕유의 백석탄이라(川疑白石灘)

숲속의 꽃은 오랫동안 피어 있고(林花紅百日)

울 아래 대나무는 마디마디 푸르구나(籬竹綠千竿)

화초의 고른 모습 짜놓은 베 같고(草色平如織)

산 빛의 빼어남은 칭송할 만하여라(山光秀可餐)

정자에 올라 옛 정취를 더듬느라(登臨撫古跡)

소나무 사이를 홀로 서성이네(松下獨盤桓)*

이 시에서는 소나무와 대나무가 만들어낸 짙푸른 산빛에 대한 예찬과 더불어 백 일 동안 핀 꽃의 아름다움 또한 노래하고 있다. 환벽당 앞을 가로지르는 창계천은 이 목백일홍 덕분에 왕유의 백석탄에 비유할 만큼 아름다웠던 모양이다. 그래서 이곳을 배롱나무(목백일홍)의 또 다른 이름인 '자미'를 붙여 '자미탄'이라고 부르기도 하였다.

환벽당은 1972년 1월 광주광역시 기념물 제1호로 등록되었고, 아울러 2013년 11월 대한민국 명승 제107호로 지정되었다. 나주목사를 역임했던 김윤제가 관직에서 물러나 고향으로 돌아와 본채 인근에 별당으로 사용하기 위해 정자를 지었는데 송강 정철과 서하 김성원이 공부했던 곳으로도 유명하다. 남도지방의 전형적인 유실형有室形 정자의 별서정원으로 인근에는 무등산과 성산, 그리고 원효계곡과 증암천 등이 있어 자연풍광이 수려한 지역으로 당시 임억령, 송순, 양산보, 김인후, 김성원, 기대승, 고경명, 소세양, 정철, 백광훈, 이은상, 김창흡 등 이루 헤아릴 수 없을 정도로 명성이 자자한 인물들이 드나들며 교분을 나누었던 곳이다.

---

* 임종헌의 세상사는 이야기, 남도정자기행 김윤제의 환벽당을 찾아서 5(http://blog.daum.net/leemsaan/137 40550).

84

수려한 자연경관을 감상하는 것에 그치지 않고 창작과 강학, 그리고 풍류문화를 즐기던 조선 사림문화의 중심지로서 사회문화적 가치는 물론, 건축, 조경, 토목 등의 가치를 인정받아 다양한 분야에서 관심의 대상이 되고 있다. 특히 정철이 14세에 김윤제와 조우하여 27세에 관직에 나갈 때까지 10여 년 동안 지냈던 곳이기도 하다. 송시열이 편액을 썼으며, 임억령의 시가 제액으로 걸려 있다. 환벽당 오른쪽 능선 너머에는 사촌 김윤제가 살았던 충효마을이 있고, 증암천 건너편에는 송강 정철이 살았던 지실마을이 있으며, 환벽당 아래에는 송강과 사촌이 처음 만난 곳으로 전해지는 조대와 용소, 쌍송 등이 있어 역사적 가치가 높은 곳이다. 면앙정 송순은 서하 김성원이 식영정을 건립하고 3년이 지난 뒤 1563년 식영정의 시를 차운하며 식영정과 환벽당을 형제정자라고 하였다. 아울러 식영정, 소쇄원, 환벽당을 가리켜 한 동네에 세 곳의 명승이 있다 하여 '일동삼승'이라 했다. 이 주변에는 이들 정자뿐만 아니라 은거를 위한 고려시대 독수정을 비롯하여 조선시대에 조성된 면앙정, 송강정, 명옥헌 등 10여 개 정자가 산자락마다 걸려 있어 이 일대가 조선시대 정원문화의 중심지이자 가사문학의 산실이라는 점에 대해서 이의를 제기할 사람은 없을 것 같다.

환벽당의 초기 모습은 소세양이 지은 〈환벽당〉이라는 시를 통해서 알 수 있으며, 김성원의 《서하당유고棲霞堂遺稿》 본문 앞에 있는 〈성산계류탁열도星山溪柳濯熱圖〉* 등을 통해 당시 풍경을 복원해 볼 수 있다.** 당대의 일류 문인들이 읊은 시가들을 차근차근 들여다 보면 당시의 원풍경을 상상해 볼 수 있을 뿐 아니라, 그 풍경들이 어떻게 그들의 감성을 자극하고 또 감동을 주었는지 짐작해 볼 수

---

*   〈성산계류탁열도〉는 1590년(선조 23, 경인) 6월 복날 식영정과 서하당, 소쇄원, 환벽당을 중심으로 열한 명의 선비가 복날 더위를 식히기 위해 모여 풍류를 즐겼던 모습을 담은 목판화다. 시회 개최, 용소에서 탁족과 토론회, 가곡창과 거문고연주회, 그림 그리기 등 당시 원림을 즐기는 모습을 엿볼 수 있다. 이 그림은 김성원 문집인 《서하당유고》와 정암수의 문집인 《창랑유집》을 통해 전해오고 있다.
** 임준성(2012), 남도민속학연구 25권 0호, 남도민속회.

〈성산계류탁열도〉 목판, 한국가사문학관 소장.

있다. 나아가 오늘날 우리가 자연과 풍경을 대하는 자세가 어떠해야 하는지 곰곰이 생각하게 한다.

풍경, 시와 그림이 되고 다시 정원이 되다

환벽당은 물론이고 대부분의 누정에 가 보면 당시 사람들의 흔적을 발견할 수 있는 것이 있는데 다름 아닌 정자 여기저기에 걸려 있는 편액이나 제액들이다. 어려운 한자 탓인지 대수롭지 않게 여기거나 눈길을 주지 않는 경우가 대부분

햇살 좋은 어느 봄날 사색하기에는 환벽당이 더없이 좋다.

이지만, 거기에는 당시 내로라하는 문장가들이 그 주변 풍경을 시로 옮기고 또 그것을 차운하며 각각의 안목으로 풍경의 아름다움을 노래했던 시구들을 접할 수 있다. 다행히 그것을 통해 우리는 당시 사람들의 자연관이나 인생관, 그리고 풍경에 대한 생각들을 엿볼 수 있다.

당나라 시인 왕창령은 그의 저서 《시격詩格》에서 시를 창작하기까지는 세 가지 경지를 거치는데, 그것은 물경物境, 정경情境, 의경意境의 단계가 있다고 했다.*
첫째, 물경은 아름다운 풍경을 마음에 담는 것으로 그것을 마음에 담고 자신을

---

*   최우석(2005), 唐代 詩格論과 禪, 중국어문논총 28권 0호, 중국어문연구회, p.276.

사계절 가운데 가장 다채로운 색을 뿜어내는 환벽당의 봄.

그 경지에 두는 것이라고 했다. 둘째는 정경으로 마음에 담아둔 풍경에 자신의 희로애락을 모두 펼치는 경지로 이에 상상력을 집중시키면 마음속에서 정감을 얻게 된다는 것이다. 셋째로 의경인데 마음에 담은 풍경과 정감에 상상력이 더해져 의식적으로 표현하는 것이다. 요컨대 사람이 풍경을 만나서 자신의 감성과 의미부여를 통해 시가 되고 산수화가 되고 음악이 되는 것이다. 원래 경境은 경지境地나 경계境界를 의미하지만, 여기서는 이상의 경지, 아름다운 경치景致 등의 의미를 내포하고 있다. 무릉도원으로 일컬어지는 도연명의 도원경桃源境에서도 아름다운 경치의 이상향을 묘사하면서 '경'이라는 용어를 사용하고 있다. 또 그림처럼 아름다운 풍경을 말할 때 화경畵境이라고 표현한다. 이처럼 경境은 경景과 동일한 의미로 사용되었음을 알 수 있다.

풍경風景은 영어로는 Landscape이고, 독일어로는 Landschaft인데 여기서 Land는 '토지', '지역' 등의 의미를 담고 있다. 요컨대 아일랜드Ireland, 오클랜드Auckland, 디즈니랜드Disneyland 등의 표기가 이를 뒷받침해 주고 있다. 특정 토지나 행정구역의 경계를 구분 짓는 데 있어서 산이나 하천 등 구별이 용이한 경관요소가 크게 작용하고 있음을 알 수 있다. 우리가 풍경을 어떤 기준으로 구분해 보느냐에 따라 색다른 장면이 다양하게 탄생하는 것이다. 시인이나 화가들은 풍경에서 감동적인 장면을 찾아내어 묘사하고, 정원을 가꾸는 사람들은 풍경의 빼어난 장면들에서 동기를 얻어 아름다움을 극대화한다. 우리 일상에서도 물경, 정경, 의경의 의미를 공유하며 시를 읊고 산수화를 그리듯 우리 삶터를 정원처럼 예쁘게 가꿔 가며 풍류와 아름다움을 더불어 누릴 수 있다면 얼마나 좋을까 상상해 본다.

여덟,
고결하고 맑은 선비정신,
마음 꽃으로 피어나다

광주 월봉서원

희대의 로맨틱 사상 배틀

세상에는 여러 가지 이유로 인해 자신이 성취한 것에 비해 높게 평가받는 사람도 있고, 반대로 그렇지 못한 경우도 종종 있다. 특히 옛 유현들의 경우, 학문하는 마음가짐이 세상에 드러나는 것을 좋아하지 않고 부끄럽게 여기거나 굳이남이 알아주지 않더라도 개의치 않는 것을 미덕으로 삼았기 때문에 더욱 그렇다. 그런 사람들 중 대표적으로 꼽을 수 있는 사람이 바로 기대승이다.

고봉 기대승高峯 奇大升, 1527-72은 광주 출신으로 16세기 조선의 대표적인 성리학자다. 본관은 행주, 자는 명언明彦, 호는 고봉, 시호는 문헌文憲이다. 그는 퇴계 이황과의 사단칠정을 비롯한 성리논변을 통해 자신의 학문적 지평을 넓혔고, 그후 율곡 성리학에 영향을 미친 것으로 알려져 있다.*

또한 퇴계와 더불어 사단칠정四端七情 논변을 통해 우리 유학사상을 보다 심화, 발전시킨 것으로 평가받고 있다. '사단'은 측은지심惻隱之心·수오지심羞惡之心·사양지심辭讓之心·시비지심是非之心의 네 가지 마음으로, 각각 인仁·의義·예禮·지智의 착한 본성에 기인하여 나오는 감정이라 하여 단서라고 이름 붙였는데, 단端이라 함은 선善이 발생할 가능성을 가진 시초를 뜻한다. 이것은 《맹자》 '공손추편'에 나온다. '칠정'은 희喜·노怒·애哀·구懼·애愛·오惡·욕欲의 일곱 가지 감정인데, 《예기禮記》 '예운편'에서 비롯하여 당의 한유가 '원성편'에서 칠정으로 나누어 논하였다.** 이것은 중국 고대로부터 전해 내려온 사상으로, 인간이 외부 사물에 접하면 여러 가지 정情이 표현되는 심리현상을 말하는 것이다. 이와 관련하여 기대승이 어떤 인물인가를 상징적으로 보여주는 희대의 일화가 있다. 지금으로부터 500여 년 전 여섯 차례에 걸친 손 편지를 통한 로맨틱 사상

---

* 정병연(2014), 고봉선생의 생애와 학문, 전남대학교 출판부.
** 이황·기대승 지음, 임헌규 옮김(2017), 이황·기대승 사단칠정을 논하다, 책세상.

논쟁이 시작된다. 기대승이 조선의 대표적인 성리학자인 퇴계 이황과 장장 8년 가까이 주고받은 사단칠정 논쟁이 바로 그것이다. 이 두 사람의 나이 차이는 무려 스물여섯. 당시 고봉은 갓 과거에 급제한 서른두 살의 신출내기 선비에 불과했다. 고봉과 퇴계의 사단칠정 이야기 논변의 전말은 이렇다.

어느 날 퇴계가 서울에 들러 원암 이교가 소유한 《천명도설天命圖說》을 본 후 저자가 추만 정지운인 것을 알고 그를 직접 만나게 되었다. 그런데 퇴계가 가져온 것과 추만이 가지고 있는 것이 약간 차이가 있었다. 퇴계가 본 〈천명구도天命舊圖〉에 의하면, 분명 "사단은 이理에서 발하고, 칠정은 기氣에서 발한다"라고 쓰여 있었다. 반면, 정지운의 《천명도설》의 〈천명구도〉는 이와 달리, "사단의 발동은 순수한 이理이기 때문에 선하지 아니함이 없고, 칠정의 발동은 기질을 겸하기 때문에 선악이 있다"라고 되어 있었다. 이에 퇴계는 계축년(1553) 10월에 "사단은 이의 발동이며 칠정은 기의 발동이다"라고 정정하였다. 이것이 결국 논쟁의 발단이 되었다.

사단의 선과 칠정의 선을 같이 볼 수 있을 것인가? 아니면 두 가지의 선은 질적으로 다른 것인가? 퇴계는 이 양자가 다르다고 해석한 것이다. 반면 고봉은 이것은 하나의 선으로 취급되어야 한다고 하였다. 요컨대 퇴계는 사단과 칠정을 본연지성本然之性과 기질지성氣質之性으로 구분하여 보는 것이 옳다고 주장했는데, 고봉의 끈질긴 합리적 반박에 의해 퇴계가 자신의 논리를 일부 수정하게 되었다고 한다. 이와 관련하여 율곡 이이도 한 수 거들었는데, 《율곡전서栗谷全書》에 기록된 내용을 통해 알 수 있다.* 율곡 이이는 "무형·무위한 이理는 만물의 '소이연所以然'이자 '주재主宰'며, 유형·유위한 기氣는 만물의 소연所然이며 이理의 의착처依着處이자 소승所乘이다"라는 점에서 퇴계식의 호발설互發說은 타당하지 않

---

* 임헌규(2015), 사단칠정논쟁에 대한 재고찰, 동방학 32권 0호, 한서대학교 동양고전연구소, p.22.

한옥 건축물의 위계와 아름다운 선이 돋보이고 주변 풍경과 조화로운 월봉서원의 소박한 풍경.

다고 비판한다. 그는 오직 "이理가 발동할 때에 기氣가 타는 하나의 길만이 가능하다"는 입장을 광범위한 전거를 제시하며 설득력 있게 제시하였다.

율곡의 이와 같은 평가는 비록 개인적인 견해이긴 하지만 고봉의 논증이 명쾌하고 설득력 있음을 칭찬하고 있다. 퇴계 자신도 고봉의 학문적 깊이를 인정했다. 퇴계가 고향으로 돌아갈 때 선조 임금이 "조신朝臣들 중에서 누가 학문이 가장 뛰어나다고 보는가"라고 물었는데, "기모(기대승을 가리킴)는 글을 넓게 섭렵하였고 성리학에도 조예가 깊으니 참으로 달통한 선비라고 할 수 있나이다"라고 답했다고 한다. 고봉은 지천명이라고 하는 50세에도 이르지 못한 짧은 생을 살다 갔지만, 그가 남긴 영향력이 어떠했는지 짐작해 볼 수 있다.

요즘 인문학이 죽었으니 혹은 철학의 부재라느니 한탄하며 작금의 물질만능주의에 대해 우려하는 목소리가 적지 않다. 시대는 다르지만 지척에 이렇게 탁월한 분이 있었다는 것에 주목하고 월봉서원에 들러 정원의 꽃들도 구경하고 고봉이 추구했던 학문과 삶에 대한 진지한 철학에 대해 잠시 관심 기울여 보는 것은 어떨까 생각해 본다.

조선 최고의 철학정원, 월봉서원

월봉서원은 고봉 선생 사후 7년(1578), 호남 유생들이 지금의 광주광역시 광산구 신룡동인 낙암 아래에 망천사라는 사당을 세우면서 시작된다. 하지만 임진왜란 때 피해를 입어 광산구 산월동인 동천으로 옮겼으며, 1654년에 효종이 월봉이라는 서원명을 내리면서 사우와 동재, 서재, 강당 등을 갖추게 되었다. 그후 월봉서원은 1868년 대원군의 서원철폐령으로 훼철되었고, 1941년 현재 위치인 광산구 광산동에 빙월당을 새로 짓고 1978년 사당과 장판각, 내삼문, 외삼문

고봉 정신을 생활철학으로 이어지게 하려는 호남선비 문화카페 '다시'가 주목을 받고 있다.

등을 건립하여 현재의 모습을 갖추게 되었다.

월봉서원에는 사계절 꽃이 핀다. 봄에는 매화가 선비의 향기를 머금고 꽃을 피워 겨우내 얼었던 마음을 사르르 녹여 주고, 여름에는 배롱나무가 탐스런 꽃망울을 터트리며 그 무더운 여름도 무사히 견뎌내게 해 준다. 산들바람 불어오는 가을에는 주렁주렁 탐스럽게 익어가는 주황색 감들이 가을꽃을 대신하여 감성을 자극한다. 겨울에도 꽃이 있다. 새하얀 눈꽃 속의 따스한 찻잔에서 피어오르는 꽃차의 그윽한 향기가 한 해 동안 쌓인 고단함을 말끔히 씻어 준다. 월봉서원에서 피는 사계절 꽃들은 우리의 눈을 즐겁게 해 주고 무엇보다 정원 곳곳에 서려 있는 한 선비의 고결하고 맑은 정신은 우리의 마음 꽃이 되어 준다. 마음 씀씀이에 반하여 한 나라의 군주가 본받고 싶어 했던 고봉 기대승을 두고 하는 말이다. 고봉정신은 '빙심설월冰心雪月', 즉 백성의 마음으로 국가를 바라보고 정의를 위해 누구 앞에서도 소신을 굽히지 않았던 올곧은 선비정신이다.

월봉서원에서는 이런 고봉정신을 선양하고 지금을 살아가는 우리들에게 삶의 중심을 잡아 주는 방향타 역할을 하기 위해 그저 역사 흔적을 보존하는 데 그치는 박제된 공간이 아닌 삶에 지친 도시인들에게 솔깃할 만한 다양한 프로그램으로 생생한 철학정원이 되어 주고 있다. 월봉서원은 2008년부터 시작한 문화재활용사업을 토대로 3년 연속(2014-16) 문화재청의 살아 숨 쉬는 향교·서원 활용 우수사업 선정, 전국 서원 최초 국회 초청 및 명예의전당상 수상 등 인문학 프로그램 운영의 선두주자로 주목받고 있다. 2017년에는 고봉다움을 전하는 '선비의 하루', '드라마 판타지아', '꼬마철학자상상학교', '살롱 드 월봉', 그리고 고봉의 정신을 바탕으로 월봉서원을 재해석한 서원마을축제 '월봉유랑' 등 흥미로운 프로그램을 운영하고 있다. 특히 눈길을 끄는 곳이 있는데 다시茶時라는 호남선비 문화카페다. 다시는 예전에 사헌부의 벼슬아치가 매일 한 번씩 모여 차를 마시며 업무를 논의하던 일이나 그런 때를 이르던 말인데, 여기서는 다시again라는 의미를 포함하여 중의적으로 표현하고 있다. 차茶 공방에서는 선비의 차를 체험하거나 나만의 차를 만들어 보기도 하고, 손 공방에서는 한 땀 한 땀 바느질로 완구류나 생활용품 등을 만들어 보는 재미에 흠뻑 빠져 볼 수 있다.

옛 선비들은 차를 즐겨 마셨다. 그들에게 차를 마신다는 것은 하루를 시작하거나 마칠 때, 또 일과 중에 잠시 하던 일을 멈추고 생각을 정리하고 마음을 가다듬는 일종의 의식 같은 것이었는지도 모르겠다. 커피를 마시는 머그잔이나 음료수를 마시는 유리잔과는 사뭇 다른 자그마한 찻잔을 두 손으로 공손하게 감싸 쥐고 의식을 거행하듯 차를 마신다. 차를 마시는 것이 아니라 차와 교제하는 시간이라고 표현하는 것이 맞을지 모르겠다. 차를 마시는 일은 어쩌면 음악하는 사람이 제대로 리듬을 타기 위해 놓쳐서는 안 되는 중간 중간의 쉼표 같은 역할이 아니겠는가 생각된다. 가을 기운이 완연한 월봉서원의 '다시'에서 차 한 잔을 마주한다. 열린 창문을 통해 정원의 가을 풍경을 실컷 감상하며 잠시 여유로운 시간을 만끽한다. 무엇보다 차를 마시며 자신의 삶을 끊임없이 채근하며 성찰하고자 했던 옛 선비의 마음을 잠시 헤아려 본다.

아홉,
술에 취해
충절을 노래하다
광주 취가정

전하지 못한 이야기, 풍경으로 노래하다

가을이 오면 누구라 할 것 없이 많은 사람들이 단풍명소에서 찍은 멋들어진 풍경사진들을 휴대폰으로 주고받으며 찬사를 아끼지 않는다. 백양사 쌍계루 앞 호수에 비친 애기단풍, 지리산십경 중 하나인 피아골 단풍, 무등산 주상절리와 어우러진 규봉암 단풍 등 세상은 온통 단풍이야기뿐이다. 화려한 단풍명소들을 섭렵하고 나서야 비로소 가을 끝자락에 찾은 곳이 있다. 바로 취가정이다.

우리가 알고 있는 누정이나 별서정원은 자연풍광 감상과 은둔을 위한 풍류처소, 강학과 창작을 위한 수양공간, 조상숭배를 위한 제례장소, 뜻을 같이 하는 사람들의 대동계모임 등의 기능으로 나누어 생각할 수 있다. 하지만 취가정醉歌亭은 독특하게도 특정인의 넋을 기리기 위한 일종의 추모정원 성격을 띠고 있다. 이곳은 소쇄원, 식영정, 환벽당 등 유명한 별서정원들이 이웃하고 있어 상대적으로 주목받지 못한 곳이다. 특별히 정자 건축물이 돋보인다거나 정원이 아름다운 것도 아니다. 그저 소나무, 팽나무에 의지하여 달랑 소박한 누정 하나 세워져 있다. 그나마 예전에는 정원처럼 감상했을 법한 무등산과 평모들녘도 지금은 우거진 수목들로 인해 조망이 제한되어 있다. 비록 시각적으로 그다지 관심을 끌지 못할지라도 이곳이 품고 있는 속 깊은 사연을 알고 나면 화려한 단풍에 온통 마음을 빼앗겼던 것이 오히려 미안해질 따름이다. 무엇보다 관심이 가는 것은 '술에 취해 노래 부르다'라는 뜻을 지닌 취가정이라는 정자에 얽힌 이야기다. 취가정은 뼛속까지 외롭고 서글픈 현실을 마치 숙명처럼 받아들이면서도 그저 한잔 술 기울이며 혼잣말처럼 중얼거리는 사람의 심경을 대변하는 곳이다. 취중진담이라는 말처럼 마음 속 깊이 담아두었던 진심어린 속내를 은유적으로 토로하는 곳이기도 하다. 언제라도 좋으니 술기운을 빌려 풀어놓을 수밖에 없었던 한 맺힌 취가정 이야기에 잠시 귀 기울여 봄직하다.

주변 풍경이 화려할 때는 온통 시선이 바깥쪽으로 향하지만,
가끔 정자 내부를 유심히 들여다보면 그 안에서 한국의 전통미와 인문학이 발견된다.

취가정은 충장 김덕령^{忠壯 金德齡, 1567-96}의 출생지인 광주광역시 북구 충효마을 뒷동산 야트막한 언덕배기에 자리해 있다. 취가정 편액에 걸려 있는 〈취시가^醉^{時歌}〉는 석주 권필이 김덕령의 한을 꿈 이야기로 풀어낸 시가다. 당시 불의를 보면 참지 못했던 권필은 의병장으로서 탁월한 공을 세운 김덕령이 억울하게 옥사하자 어리석은 임금에 대해 시를 통해 은유적으로 비판했다.

취했을 적 노래! 이 노래 아무도 듣는 이 없네(醉時歌此曲無人聞)
꽃과 달에 취하는 것 내 원치 않고(我不要醉花月)
공훈을 세우는 것 필요 없다네(我不要樹功勳)

공훈을 세우는 것 뜬구름 한 가지요(樹功勳也是浮雲)

꽃과 달에 취함도 뜬구름 다름없네(醉花月也是浮雲)

취했을 때 노래!(醉時歌此曲)

아무도 내 마음 몰라주누나(無人知我心)

다만 긴 칼 차고 밝은 임금 받들자(只願長劍奉明君)*

권필은 꿈에서 깨어났지만 슬픔과 분노는 좀처럼 누그러지질 않았다. 그래서 그는 충장공의 억울한 영혼을 달래기 위해 시 한 소절을 더 읊었다.

지난날 장군께서 쇠창을 잡았건만(將軍昔日把金戈)

장한 뜻 중도 꺾이니 운명임을 어이하리(壯志中摧奈命何)

지하의 꽃다운 넋 한스럽기 그지없어(地下英靈無限恨)

분명한 한 곡조는 취시가 가락일세(分明一曲醉時歌)

이렇게 권필은 꿈속에서 있었던 일을 떠올려 시를 쓰고 화답한 형식으로 김덕령의 억울한 죽음을 애도한 것이다.

권필은 1569년 서울 마포에서 권벽과 경주 정씨 슬하에서 다섯째 아들로 태어났는데 자가 여장汝章이고, 호는 석주石洲, 무언자無言子다. 그는 정철의 제자로 19세 때 과거시험에서 장원급제하였으나 뒤늦게 한 글자를 잘못 쓴 것으로 밝혀져 합격이 취소되는 불운을 겪었다. 이후 그는 관직에 뜻을 두지 않고 풍류를 즐기며 자유분방한 삶을 산 것으로 유명하다. 여기저기 방랑생활을 하면서 호남을 방문하던 차에 해광 송제민을 만났고 서로 뜻이 맞아 교유하다 마침내 송

---

* 권필 지음, 정민 옮김(2009), 석주집(石洲集) 권7, p.343, 태학사.

제민의 딸과 결혼까지 하게 된다.*

송제민은 김덕령과 막역한 사이로 알려져 있다. 김덕령이 옥사하자 송제민은 깊은 슬픔에 빠졌고 이에 대한 문제의식을 갖고 있다가 임진왜란 중에 일어난 모든 일과 그 득실을 논술한 《와신기사臥薪記事》를 저술하기도 했다. 그 결과, 관리들을 비판하는 내용 때문에 관찰사의 미움을 사게 된 것으로 전해진다. 김덕령과 송제민, 권필, 김천일 등은 당시 뜻을 같이하며 각자 자신의 입장에서 할 수 있는 일을 도모했다. 무엇보다 어려운 시국을 함께 보내는 동지로서 서로 격려하며 끈끈한 의리를 나누었던 것이다.

권필은 시작에 조예가 깊어 동악 이안눌 등과 함께 창작에 몰두하였는데, 그의 작품으로는 《석주집石洲集》과 한문소설 《주생전周生傳》 등이 있다. 그는 정치 현실이 싫었을 뿐 나라를 걱정하는 마음은 누구보다 열정적이었고 임진왜란 때도 참전한 것으로 전해진다. 그런데 광해군 시절에 권세를 휘두르던 광해군 처남인 유희분을 풍자하는 시를 지은 것이 발각되는 바람에 해남으로 유배의 명을 받게 되었다. 불행히도 귀양길에 그를 안타까워하던 사람들이 권한 술을 사양하지 않고 마시다 죽음에 이르게 되었다고 전한다. 그토록 김덕령의 억울한 죽음에 대해 원통해했던 그였는데 정작 자신도 많은 사람들을 안타깝게 하며 44세라는 젊은 나이로 생을 마감하고 말았다. 권필이 지은 시 가운데 당시 그의 심경을 짐작하게 하는 대목이 있다.

온 세상 모두 똑똑하건만(擧世皆明哲)
어이해 나만은 어리석은가(如何我獨頑)
자취는 영욕 밖을 벗어났어도(跡超榮辱外)

---

* 김영헌(2006), 김덕령 평전, pp.277-278, 향지사.

느티나무, 팽나무가 주는 자유분방함과
메타세콰이아의 정연함이 대조를 이루고 있는 취가정 옆 오솔길.

이름은 시비의 사이에 있네(名在是非間)

거처에선 책 속의 성인 대하고(居對卷中聖)

나가면 호수 위의 산에서 논다(出遊湖上山)

평생에 한 동이 술만 있다면(平生一樽酒)

나머지는 아무런 상관이 없지(餘事不相關)

— 〈스스로에게 읊다自詠〉*

　취가정은 그저 야트막한 동산 위에 세워진 두어 평 남짓한 작은 정자에 불과하지만, 감춰진 속 이야기는 참으로 애잔한 감동이 아닐 수 없다. 나라에 대한 애끓는 충정, 뜻을 함께한 사람들에 대한 끈끈한 의리, 그리고 후손들에게 보다 밝은 세상을 물려주고자 몸소 보여준 열정과 희생정신 등이 깊이 배어 있는 곳이다. 현재를 살아가는 우리들이 반드시 되새길 만한 산 교육장이라고 할 수 있다.

애국과 충절의 표상, 김덕령

김덕령은 본명보다 충장공이라는 시호가 훨씬 더 알려져 있다. 원래 나라에 큰 공을 세운 장군에게 내리는 시호인 충장을 받은 사람들을 높여 충장공이라고 부른다. 이와 유사한 시호로는 충무, 충정 등이 있는데, 충무는 12명, 충장은 15명이 각각 동일한 시호를 받았다. 그런데 충무공하면 이순신, 충장공하면 김덕령이 떠오르듯이 이들은 애국과 충절의 표상으로 우뚝 서 있다. 충장이

---

* 권필 지음, 정민 옮김(2009), 석주집(石洲集) 석주별집 권1, pp.527-528, 태학사.

라는 단어가 우리 귀에 익숙한 것은 어쩌면 광주 한복판의 보행가로인 충장로가 한몫하고 있다고 할 수 있다. 우리가 일상적으로 무심코 이용하는 이 가로명이 김덕령의 시호를 따서 붙인 이름이기 때문이다. 또 무등산 초입부에 있는 원효사로 올라가는 길에 잘 가꾸어진 묘소와 함께 그를 기리기 위해 1975년에 세운 사우祠宇가 있는데 바로 충장사다. 또 그가 태어난 고향마을은 충효동이라 부르고 있다. 그를 기리거나 표현할 때 '충'자를 빼고서는 도저히 이야기할 수 없을 정도다.

김덕령은 임진왜란 시기의 의병장이자 성리학자다. 본관은 광산, 자는 경수景樹다. 원래 자는 주로 남자가 성인이 되었을 때 붙이는 일종의 예명이나 별명 같은 것이다. 왠지 경수라는 이름에 자꾸 눈길이 간다. 이름이 뜻하는 정확한 유래는 알 수 없지만, 아마도 '풍경風景에 있어서 중심 역할을 하는 나무樹처럼 매사에 중요한 역할을 하라'는 뜻으로 붙여진 이름이 아닐까 추측해 본다. 실제 이와 연관된 이야기를 지닌 나무가 충효동에 있다. 바로 천연기념물 제539호로 지정된 왕버들인데 나무 나이가 족히 사오백 년은 되어 보인다. 현재는 세 그루가 남아 있는데 원래 '일송일매오류一松一梅五柳'라 하여 소나무 한 그루와 매화 한 그루, 그리고 다섯 그루의 왕버들로 충효마을을 상징하는 경관수 역할을 하고 있다. 특히 왕버들은 '김덕령 나무'로 불릴 정도로 그와 관련된 다양한 유래나 일화들이 전해지고 있어 역사적인 가치가 매우 크다.

도시학자 캐빈 린치Kevin Lynch는 1960년 발간된 《도시 이미지Image of City》라는 책에서 알기 쉽고 아름다운 도시를 분석하는 데 필요한 요소로 지구district, 통로path, 결절점node, 경계부edge, 랜드마크landmark 등 다섯 가지를 제시한 바 있다. 그 가운데 랜드마크는 도시를 상징할 만한 강렬한 경관요소를 말하는데, 파리의 에펠탑이나 개선문, 시드니의 오페라하우스, 샌프란시스코의 금문교 등을 들 수 있다. 우리나라의 경우 마을 앞에 서 있는 정자목이라고도 부르는 당산나무가 다

일명 '김덕령 나무'라고 일컬어지는 생가마을 왕버들이
그의 또 다른 이름 '경수'처럼 경관을 지키는 상징나무가 되고 있다.

양한 의미에서 마을의 상징역할을 해 온 것이 사실이다. 그런 관점에서 생각해
보면 역사의 중요한 길목마다 등장하여 나라를 위해 희생하거나 삶의 좌표를
제시했던 훌륭한 선조들이야말로 진정한 역사적 랜드마크가 아닐까. 김덕령은
일편단심 나라를 사랑하는 열정으로 어떤 희생도 마다하지 않았다. 또 권필, 송
제민, 김천일 등 수많은 의인들과 함께 고통을 감수하며 나눈 끈끈한 의리 등은
현대를 살아가는 우리들에게도 훌륭한 귀감이 아닐 수 없다. 누가 뭐래도 이제
김덕령은 '경수'라는 또 하나의 이름처럼 충절의 표상이자 정신적 랜드마크로
우뚝 서 있음을 알 수 있다.

열,
선비의 인품은 하늘이 돕고
덕망은 대대로 흐른다

광주 풍영정

도심의 오아시스, 풍류를 노래하다

우리가 알고 있는 대부분의 누정들은 한적한 산속 깊은 계곡 주변이나 전망 좋은 산등성이에 자리 잡고 있어 아름다운 풍광을 감상하기에 안성맞춤이다. 그런데 번화한 도심 한복판에서도 멋스런 조선시대 누정을 만나볼 수 있는 곳이 있다. 바로 광주 시가지를 관통하며 흐르는 영산강과 광주역-광주송정역 구간의 철로가 교차하는 지점에 풍영정風詠亭이라는 누정이 다소곳이 자리 잡고 있다.

풍영이라는 이름은 《논어》 '선진편'의 "풍호무우風乎舞雩 영이귀詠而歸"에서 따온 말로 '풍광을 즐기며 시가를 읊조리다'라는 뜻이다.* 언젠가 공자가 제자들에게 소원을 묻자 증점이라는 제자가 대답하기를 "기수에서 목욕하고 무우에서 바람을 쐬며 시가를 즐기다 오고 싶습니다"라고 했다. 여기서 '기수'와 '무우'는 춘추시대의 전설 속에 나오는 곳으로 아마도 빼어난 절경이었을 것으로 짐작된다. 이 정자를 건립한 칠계 김언거는 그 내용에 크게 공감하여 이곳이 그곳과 견줄 만한 장소라 여기고 그에 걸맞은 이름을 붙인 듯하다.

풍영정은 영산강이 휘감아 도는 구릉지 끝자락에 살짝 고개를 내밀고 있다. 지금은 구릉지 대부분이 도시화로 인해 사라지고 겨우 정자가 서 있는 끝자락만 남은 셈이다. 그나마 영산강이 여전히 정자 앞을 흐르며 함께해 주고 있어 참 다행이라는 생각이 든다. 영산강은 담양 용추산(583m)에서 발원하여 광주, 나주, 함평, 무안, 영암 등을 거쳐 목포 앞바다로 흘러가는 남도의 젓줄이다. 영산강이 북동쪽에서 남서쪽으로 비스듬히 종으로 흐르고 있는 반면, 광주역과 광주송정역 간의 철로는 동쪽에서 서쪽, 말하자면 횡으로 도심을 관통하고 있다.

* 안성재(2013), 논어, 제11장 선진편, pp.368-372, 어문학사.

풍영정에서 조망되는 영산강과 극락교, 그 위를 통과하는
광주역-광주송정역 간의 셔틀열차가 이색적인 풍경을 연출하고 있다.

역사를 기억하고 있는 영산강, 그리고 도시화, 산업화의 상징인 철로가 교차하는 의미심장한 장소를 내려다보는 느낌은 참으로 이상야릇하다. 그도 그럴 것이 1922년 광주와 송정리 사이의 철도를 부설할 때 정자 동편의 기암절벽을 훼손하여 극락강 철교 교대를 축조함으로써 절벽에 새겨져 있던 칠계공 외 3인의 합작 오언시구가 멸실되었고 풍영정 주변 풍경도 사뭇 변화를 겪게 되었다.

풍영정은 조선 명종 15년(1560년) 사대교린에 관한 문서를 맡아 보던 승문원 판교를 지냈던 칠계 김언거漆溪 金彦琚, 1503-84 선생이 관직에서 물러나 고향으로 돌아와 세운 정자다. 야트막한 동산에 세워진 풍영정에서 내려다보면 제일 먼저 눈에 들어오는 것은 다양한 수초와 갯버들이 우거진 영산강이다. 초고층으로 진화하고 있는 도심 빌딩 숲에서 이런 풍광을 만날 수 있다는 것은 큰 행운이다. 산동교에서 극락역 일원, 소위 영산강 극락천 구간의 하천 풍경이 한눈에 들어오는 곳이다. 4대강사업의 일환으로 조성된 자전거길이 강변에 조성되어 있어 시원한 바람을 가르며 달리는 삼삼오오 자전거 타는 풍경을 볼 수 있고, 광주역과 광주송정역을 오가는 셔틀열차가 기적을 울리며 지나가는 정겨운 장면도 연출된다. 정자를 에워싼 느티나무, 팽나무 등 우거진 거목들이 앞을 가린 탓에 주변 풍경을 맘껏 감상할 수는 없지만, 나무들 틈새로 비쳐진 풍경들이 마치 액자에 담긴 수묵화처럼 살짝 들여다보는 재미가 쏠쏠하다.

풍영정 마루에 걸터앉는 순간 저절로 입이 떡 벌어지게 하는 것이 있다. 누정 내부 여기저기에 걸려 있는 70여 개의 편액과 제액들이 정자 내부를 빼곡히 채우고 있어 마치 서예 전시장을 방불케 한다. 아마도 현존하는 정자 중에 가장 많은 숫자의 편액과 제액들이 걸려 있는 것이 아닌가 생각된다. 우선 풍영정이라고 쓰여 있는 동일한 글씨체의 편액이 두 개가 걸려 있는데 하나는 바깥쪽에 또 하나는 안쪽에 걸려 있다. 당초는 안쪽에만 걸려 있었는데 방문객들을 배려하여 바깥쪽에 4분의1가량 더 확대하여 정자 정면에 내걸었다고 한다. 또 하나

풍영정 내부에 걸려 있는 70여 개의 편액과 제액들이 마치 전시장을 방불케 한다.

눈길을 끄는 글귀가 있는데 "제일호산第一湖山"이라는 편액이다. 이 편액은 조선의 명필가 한석봉이 당시 십여 리의 모래사장과 버드나무 숲으로 우거진 영산강과 주변 풍경에 감탄하여 직접 붓을 잡고 풍영정에 남긴 것으로 전해진다. 그밖에도 정자에 걸려 있는 제액들과 〈광주목지〉나 〈광주읍지〉 등의 기록으로 보아 지지당 송흠, 동악 이안눌, 현주 조찬한, 석주 권필, 청사 고용후, 기암 정홍명, 한음 이덕형, 면앙 송순, 퇴계 이황, 고봉 기대승, 제봉 고경명, 석천 임억령 등 당대 내로라하는 유학자들과 교분을 나누었음을 알 수 있다. 특히 〈풍영정십영〉의 하서 김인후도 빼놓을 수 없다.* 풍영정에서 바라본 열 가지 풍경의 아름다움을 맛깔나게 노래하고 있다.

> 선창에서 배를 띄움(仙滄泛舟)
>
> 현봉의 달맞이(懸峰邀月)
>
> 서석의 갠 구름(瑞石晴雲)
>
> 금성의 갠 눈(錦城霽雪)
>
> 월출산의 먼 노을(月出杳靄)
>
> 나산의 마을가게(羅山村店)
>
> 양평의 많은 곡식(楊坪多稼)
>
> 유시의 긴 숲(柳市長林)
>
> 수교에서 봄을 찾음(繡郊尋春)
>
> 원탄의 낚시 풍경(院灘釣魚)

〈풍영정십영〉은 위의 운에 따라 퇴계와 석천도 가세하여 시를 지은 것으로

---

* 홍순만 옮김(2007), 풍영정시선(風詠亭詩選), pp.58-84, 호남문화사.

도 유명하다. 이처럼 가깝게는 영산강과 주변 풍경을 노래했고 이어 무등산, 나주평야, 금성산은 물론이고 맑게 갠 날은 멀리 영암 월출산 봉우리와 노을 풍경까지도 시로 옮겨 놓았다. 참으로 통 크게 자연풍광을 만끽하며 노래한 것을 알 수 있다. 지금 풍영정은 마치 오아시스처럼 도심 한복판에 작은 동산으로 살아남아 있다. 그래도 변함없는 것은 영산강이다. 오랜 세월 벗이 되어 풍영정을 품어 주고 지켜 주고 있다는 생각에 다시 한 번 영산강을 바라보게 된다. 당시 풍경을 예찬하며 거침없이 시가를 읊조렸던 대가들은 작금의 풍영정과 주변 풍경을 본다면 어떤 시로 화답할지 자못 궁금해진다.

풍영정에 전해지는 흥미로운 이야기

이야기 하나는 풍영정이라는 이름에 관한 이야기다. 정자에 걸려 있는 풍영정 편액을 보면 '풍'과 '영정'의 자간이나 서체가 미묘하게 다르다는 느낌을 받는다. 이와 관련하여 풍영정에는 다음과 같은 흥미로운 이야기가 전해져 오고 있다.

　김언거가 낙향하여 정자를 세우고 명종 임금께 아뢰니 정각 현판을 그 당시 기인으로 소문이 자자한 무주에 기거하던 갈 처사에게 가서 받으라고 했다. 그래서 기쁜 마음에 갈 처사를 찾아갔으나 계속 만나질 못하다가 열네 번째 방문하여 가까스로 만나게 되었다고 한다. 갈 처사는 칡넝쿨로 붓을 만들어 글을 써 주면서 가는 길에 절대 펴 보지 말 것을 신신당부했다. 하지만 돌아오는 도중 그 궁금증을 이기지 못하고 그 종이를 펼치니 글쎄 '風'자가 하늘로 훨훨게 날아가 버린 것이다. 이에 잔뜩 놀란 김언거는 황급히 갈 처사를 찾아가 다시 써 줄 것을 간청했으나 한사코 거절하다 마지못해 그의 제자인 황 처사를 통해 다

영산강에서 조망되는 단아한 풍영정 풍경.

시 '風'자를 써 주도록 하여 풍영정 편액을 걸 수 있었다고 한다.

또 하나의 이야기는 일제 강점기에 많은 건물과 정자들이 소실되었지만 풍영정은 건재할 수 있었던 신비스러운 전설이다. 임진왜란 때 왜병들에 의해 주변 열한 채의 정각이 모두 불타 버리고 풍영정 마저 불길에 휩싸일 뻔 했는데 풍영정 현판 글씨가 오리로 변하여 바로 앞 영산강(극락강) 물속으로 첨벙 들어가 버렸다고 한다. 이를 기이하게 여긴 왜장이 불을 끄게 하자 다시 오리가 글씨로 변하여 제자리로 되돌아와 소실을 막았다는 흥미로운 이야기다.

김언거의 뛰어난 인품을 보고 하늘이 도왔다는 점을 강조하면서 이런 전설까지 낳게 한 것이 아닌가 생각된다. 평소 그의 덕망이 어떠했는지 짐작하는 것 중의 하나는, 그를 흠모하던 많은 사람들이 적극적으로 나서서 풍영정 주변에 무려 열두 채의 정각을 지어 주었다는 이야기가 전해 오고 있어 이를 뒷받침해 주고 있다.

열하나,
느리게 걸으니
비로소 보이다

광주 풍암정

무등산이 품고 있는 최고의 정원, 풍암정

무등산은 참 여러 가지 표정을 지니고 있는데 그만큼 다양한 풍경이 존재하고 있다는 뜻이다. 그 무수한 풍경 가운데 참으로 애틋하게 느껴지는 유서 깊은 누정 하나가 눈길을 사로잡는다. 바로 광주광역시 북구 금곡동 원효계곡 하류에 위치한 풍암정楓岩亭을 두고 하는 말이다.

충효동 분청사기 도요지에서 단풍나무 가로수길을 따라 무등산을 향해 약 1.6㎞ 정도 걷다 보면 보일 듯 말 듯 다소곳이 자리해 있다. 마치 흐르는 계곡 물소리에 귀 기울이고 있는 듯 예사롭지 않은 풍모를 느낄 수 있다. 정자 주위를 에워싸고 있는 암석들은 여느 누정에서 볼 수 없는 독특한 풍경이다. 세월의 흔적을 느끼게 하는 이끼 낀 바위와 더불어 마치 학 한 마리가 날갯짓하는 것처럼 가지를 길게 늘어뜨린 멋스러운 소나무가 어우러져 한 폭의 동양화를 연상케 한다. 정자와 바위, 그리고 소나무, 이들은 각자의 존재감을 드러내며 아름다운 정원으로 거듭난 것이다. 동양화가 주는 여백의 미와 단순미가 무엇인지 그 진수를 보여주는 듯하다.

1990년 광주광역시 문화재자료 제15호로 지정된 이곳은 조선 중기의 의병장 김덕령의 아우인 김덕보金德普, 1571-1627가 세운 정자다. 풍암은 단풍과 기암괴석이 어우러진 주변의 아름다운 경치를 의미하며 김덕보의 호이기도 하다. 임진왜란을 겪으며 큰형 김덕홍이 금산전투에서 전사하고 작은형 덕령이 의병장으로 활약하다가 억울한 죽음을 당하자 세상을 등지고 이곳에 정자를 지어 자연과 벗하며 은일생활을 시작한 것으로 전해진다.* 김덕보의 본관은 광산, 자는 자룡子龍, 호는 풍암楓岩, 붕섭의 아들이고, 의병장인 덕령의 동생이다. 그는 광

---

* 한국민족문화대백과사전.

주 석저촌에 살았다. 1592년(선조 25)에 임진왜란이 일어나자 담양부사 이경린, 장성현감 이귀 등의 권고로 형 덕홍·덕령 등과 함께 의병을 규합하여 전라도 곳곳에서 왜군을 격파하였다. 그 후 덕홍이 고경명과 함께 금산에서 전사한데다 덕령이 무고에 의해 옥사하자 향리로 돌아와 세상일에는 뜻을 두지 않고 학문연구에만 힘을 기울였다고 한다. 1627년(인조5년) 정묘호란이 일어나자 안방준 등과 함께 의병을 일으켰으나 노쇠하여 더 이상 전장에는 나가지 못하고 생을 마감하였다. 1785년(정조9년) 전라도 유생 기석주 등의 상소에 의해 큰형 덕홍과 함께 포상, 추증되었다.

풍암정은 "풍암정사"라는 편액이 말해 주듯 이 지방 유림들의 강학장소로도 사용되었음을 알 수 있다. 알려진 바와 같이 '정사'는 학문을 가르치고 정신을 수양하는 곳이라는 의미가 있다. 또 이 정자에 풍암 이전의 인물인 석천 임억령, 제봉 고경명 등의 제액들이 걸려 있는 것을 들어 일각에서는 풍암 선생 이전에 지어진 정자로 김덕보가 중수한 것으로 유추하기도 한다. 정자에는 풍암정사 현판과 송강 정철의 넷째 아들인 정홍명이 쓴 〈풍암기〉, 그리고 임억령, 고경명, 안방준 등이 남긴 시들을 새긴 제액들이 10여 개 걸려 있다. 그 가운데 〈풍암기〉에 당시의 풍경을 생생하게 떠올릴 수 있을 만큼 상세하게 표현되어 있다.*

> 바위의 위아래를 끼고 (來巖上下)
> 단풍나무 백여 그루가 있는데 (有楓百餘)
> 시내와 못에 빙 둘러서 비치니 (環映溪潭)
> 바야흐로 가을 서리 맞은 잎이 (方秋霜葉蘸水)

* 김영헌(2006), 김덕령 평전, pp.273-274, 향지사.

무등산 원효계곡 암반 위에 호젓하게 들어서 있는 풍암정이
마치 잘 꾸며진 암석정원 같다.

숲속의 정원, 요컨대 원림의 맛을 제대로 살린 풍암정은 완전히 자연과 조화를 이루고 있다.

물에 잠겨 빛을 물들인 듯하였다(水色如染)

또 풍암 김덕보는 〈만영〉에서 이 같이 노래하고 있다.

늘그막에 단풍언덕에 지은 두어 칸 집(晚結楓崖屋數間)
바위 앞엔 대숲이요 뒤엔 첩첩 산이로세(巖前修竹後重巒)
볕좋은 창문이라 겨울날도 따스하고(向陽簷牖三冬暖)
물가의 높은 대는 더위에 시원하네(臨水高臺九夏寒)
영약은 매번 좋은 벗들 따라 함께 캐고(靈藥每從仙儷斸)
좋은 책은 가끔 선비들에게 빌려 본다네(好書時借野人看)
이내 몸 깃들기에 특별히 편안한 곳이라(棲身別有安閒地)
바다 밖 봉래산이 무슨 소용 있으리오(何用蓬壺海外山)

이에 앞서 석천 임억령도 풍암정에 대한 감상을 노래했다.

늘그막에 물러나 수석 간에 소요하니(投老逍遙水石間)
남산의 안개 낀 봉우리 집 앞에 비치네(南山映屋簇煙巒)
듣건대 단풍나무도 천 그루나 벌려 있고(傳聞楓樹千章列)
또 바위 흐르는 물은 오월에도 차갑다지(復道岩流五月寒)
좋은 경치에 따라 시구가 이루어지니(靈境偶隨詩句落)
어찌 반드시 그림 속에서만 도원을 보랴(桃原何必畫圖看)
이곳 소나무에는 눈 덮일 때까지 머물다가(吾將此地棲松雪)
그 후에야 용을 타고 해산으로 들어가리(然後乘螭入海山)*

지금도 평일에는 사람들의 발길이 뜸할 정도로 풍암정 일원은 고즈넉하다. 원효계곡에서 흘러내려오는 맑은 물소리와 숲속에서 새어나오는 바람소리만이 정적을 깨뜨린다. 잠시 세상일 떨쳐 버리고 사색하는 공간으로 안성맞춤이다. 풍암정 가는 길은 참 즐겁다. 진입로에 들어서면 곱게 물든 단풍나무 가로수길이 반겨 주고 정자에 다다르면 이끼 낀 바위와 청량한 계곡 물소리, 그리고 운치를 더해 주는 소나무 등이 기다리고 있다. 풍암정 자연정원은 천천히 그리고 자세히 보아야 제맛을 느낄 수 있다.

남도사람들의 정신과 삶의 표상이 되는 덕스러운 무등산

광주를 상징하는 것들이 이것저것 있지만, 무등산이야말로 광주를 상징하는 대표적인 랜드마크라고 할 수 있다. 비단 광주시민뿐만이 아니라 남도에 사는 모든 사람들에게 마치 어머니의 품속과 같이 포근하고 애틋한 산이다. 무등산은 어느 쪽이 정면인지 단정하기 어려울 정도로 사방팔방 모나지 않고 마치 초가지붕을 보는 듯 부드러운 이미지다. 어찌 보면 잘 차려놓은 밥상을 보자기로 덮어놓은 것 같은 형상을 하고 있어 무슨 반찬이 차려져 있을까 궁금증을 불러일으키는 산이기도 하다.

무등산은 얼핏 보면 산세가 웅장하다거나 수려한 이미지와는 거리가 멀다. 하지만 실제 산속으로 가까이 다가가면 갈수록 계곡과 기암절벽, 그리고 억새풀, 철쭉 등 온갖 다양한 식물들이 군락을 형성하고 계절마다 빼어난 풍경을 연출하며 감동을 선사한다. 남도를 얘기하자면 구구절절 할 얘기가 많지만 굳이

* 국윤주 외(2018), 독수정 명옥헌, 광주문화재단 누정총서1, pp.21~22, 도서출판 심미안.

애써 설명할 필요가 없다. 왜냐하면 무등산이 그 모든 이야기를 담고 있기 때문이다. 그만큼 무등산은 남도적인 정서를 가장 잘 담아내고 있는 산이다. 무등산은 무수한 자랑거리를 가지고 있음에도 불구하고 결코 으스대지 않는다. 부드럽게 이어지는 산 능선을 보면 알겠지만 오히려 자세를 낮추고 애써 주변 산들과 어깨동무를 하고 있는 것처럼 보인다. 참으로 겸허하고 덕스러운 산이라는 인상을 받는다. 무등산은 생태자원을 비롯하여 역사적인 유적지나 누정, 도요지, 사찰 등 사람 향기 가득한 이야깃거리가 산자락마다 주렁주렁 걸려 있다. 이런 가치를 인정하여 무등산은 1972년 도립공원으로 지정되었다가 2013년 국립공원으로 승격되었다. 또 2014년에는 국가지질공원으로도 인증을 받았고, 2018년 마침내 유네스코 세계지질공원으로 인증을 받았다.

무등산은 높이 1187m로 그리 높지 않은 산이다. 보통사람이면 한나절에 정상까지 왕복할 수 있을 정도여서 지역 주민들의 사랑을 한몸에 받고 있다. 무등無等이라는 이름은 '비할 데 없이 높은 산' 또는 '등급을 매길 수 없는 산'이라는 뜻이다. 통일신라 때 무진악武珍岳 또는 무악武岳으로 표기하다가 고려 때부터 서석산瑞石山이란 별칭과 함께 무등산이라 부르고 있다. 이렇듯 무등산에는 수려한 풍광과 유서 깊은 역사, 그리고 품위 있는 문화가 면면히 흐르고 있다. 무엇보다 보통시민들과 희로애락을 함께하면서 기꺼이 팔 벌려 보듬어 주는 너그러움과 따스함이 있어 좋다. 남도사람들은 그저 무등산이 거기 그대로 있어 주는 것 자체만으로도 참 행복하다.

열둘,
세속에 물들지 않고
번뇌에서 벗어나다

화순 물염정

호남정신의 명맥을 잇는 '물염정신'의 산실, 물염정

바르고 행복한 삶을 살기 위한 사람들의 물음과 고뇌는 예나 지금이나 크게 다르지 않은 것 같다. 시대는 다르지만 이런 소소한 이야기가 녹아 있는 자그마한 정자 하나가 있어 새삼 관심을 갖게 한다. 바로 '세속에 물들지 말라'는 뜻을 가진 물염정勿染亭이다. 정자의 원주인이었던 송정순의 호가 물염이다. 이름에서 풍겨지듯이 왠지 단호함과 동시에 순수함이 느껴진다. 과연, 이 자그마한 정자는 또 어떤 이야기를 품고 있을까?

물염정은 화순군 이서면 창랑리 물염마을 옆 창랑천이 구비치는 야트막한 동산 위에 다소곳이 자리 잡고 있다. 이 정자가 세워진 곳은 물염적벽으로 불리고 있는데 노루목적벽과 보산적벽, 창랑적벽과 더불어 화순적벽 4대 절경으로 일컬어지고 있다. 화순적벽은 현재 명승지 제112호로 지정되어 있는데 일찍이 조선시대에도 주요 명승지 가운데 하나로 손꼽혔을 정도로 명품경관이다.* 이곳은 김삿갓(김병연)을 비롯한 수많은 시인묵객들을 매료시켰고 그들의 발길을 머물게 한 곳으로도 유명하다.

물염정은 중종과 명종 대에 성균관전적, 춘추관박사, 구례·영암·금산·여산·풍기 등의 군수를 역임한 송정순宋庭筍, 1521-84이 관직을 그만두면서 머물게 되었다. 그는 강산의 깨끗함에 빗대어 '세속에 물들지 말자'는 의지를 담아 16세기 중반에 이 정자를 세운 것으로 전해진다. 서정적이고 아름다운 이름들을 뒤로 하고 왜 '물염'이었는지 자못 궁금하다. 아무래도 그의 청렴하고 강직한 성격과 무관하지 않은 것으로 보인다. 《여암유고旅庵遺稿》를 저술한 신경준은 〈물염정기〉에서 정자 주인의 품성에 대해 언급했는데, "그는 효성과 우애, 그

---

* 정치영 외(2016), 조선의 명승, pp.94-95, 한국학중앙연구원출판부.

리고 청렴한 관직생활이 돋보였으며 또 재판의 판결을 신처럼 분명하게 처리하였다"고 기술하였다.* 또 그에 대한 근거로 그가 재직했던 여러 고을에 세워졌던 송덕비를 제시하기도 했다.

송정순은 조선 중기의 문신으로 본관은 홍주洪州, 자는 중립中立, 호는 물염이다. 송평의 후손으로, 할아버지는 송기손이고, 아버지는 청심헌 송구이며, 어머니는 감춘추관사 안축의 딸이다. 부인은 나주 정씨 정순종의 딸과 함양 오씨인 오인의 딸이다. 그는 1558년에 별시문과에 병과로 급제하여 관직에 등용되었는데, 계속 학문에 정진하여 유희춘과 함께 유교의 교리와 사기 등을 강론하였고 송징 등의 문인을 배출하였다. 물염정을 지은 후 여생을 줄곧 여기서 지내다 담양의 구산서원에 제향되었다. 송정순은 훗날 외손들에게 물염정을 물려주었는데 아마도 슬하에 무남독녀만을 두었기 때문인 것으로 보인다.** 이 물염정을 물려받은 이가 바로 물염공의 외손 금성 나씨 창주 나무송과 구엽 나무춘 형제다. 물염정은 이후 수차례 중수를 거쳐 오다 1966년에 중창하였고, 이를 다시 1981년에 보수한 것이 현재에 이르고 있다.

물염정 중수를 기록한 송사 기우만의 〈물염정중수기勿染亭重修記〉에 의하면 나무춘, 나무송 형제가 "궁벽한 이곳에 집을 짓고 살면서 오직 선을 행하며 헌옷을 입고도 패옥보다 화려하게 생각하고 물을 마시면서도 진수성찬보다 달게 여겼다"고 기록하고 있다.*** 이 두 형제 역시 '물염정신'을 이어받아 청렴한 삶의 면모를 몸소 보여주었던 것이다. 물염정이 대체적으로 송정순이 지은 것으로 간주되고 있지만 그보다 훨씬 전 송정순의 부친인 송구가 지은 것으로 보는 견해도 있다. 송구의 손자 해광 송제민의 시문집인 《해광집海狂集》에는 사위 석주

---

* 황수정, 화순 勿染亭 제영시 연구, 韓國漢詩硏究 23, p.362.
** 권수용, 화순 물염정과 적벽문화, 역사학연구 제44집, p.139.
*** 황수정, 화순 勿染亭 제영시 연구, 韓國漢詩硏究 23, p.363.

사시사철 소박한 풍경의 물염정은
벚꽃 피는 시기가 되면 일 년에 딱 한 번 사치를 허용한다.

권필이 1610년에 작성한 '유사'가 실려 있는데 여기에서 송구를 소개하는 글에 주석을 달아 "동복현감으로 재직 당시 물염정을 짓고 퇴휴하여 벼슬하지 않았다"고 기록하고 있다.

한편 송제민은 우리 의병사에서 결코 빼놓을 수 없는 인물이다. 아마도 '물염정신'을 가장 잘 실천한 사람이 아니었나 생각된다. 그는 토정 이지함의 문하에서 공부했는데 스무 살이 되기도 전에 성현의 글을 터득하였고 천문, 지리, 의술 등 다방면에 조예가 깊었던 것으로 알려져 있다. 사리에 밝고 글재주가 뛰어났음에도 호방한 성격에 구속을 싫어하여 벼슬에 나서지 않았다. 임진왜란이 일어나자 전라도 의병종사관으로 '초모호서의병문召募湖西義兵文'을 지어 여러 고을에 보내 의병을 모집하는 데 크게 기여하였다. 실제 1592년 5월 16일 김천일, 양산룡, 양산숙 등과 의병을 모아 6월 3일 서울을 향해 북진하는 출병식을 열었다. 그 장소가 바로 나주의 금성관이다. 또 김덕령의 의병군에 가담하여 의병을 일으킬 것을 권유하기도 했는데 그 일화가 유명하다. 1593년 8월 송제민은 모친상을 당한 외가 쪽 친척 김덕령을 찾아가 '나라 일이 먼저이고 집안일은 나중'이라는 의리로 설득하여 그를 의병장으로 추대하였다. 손수 제주까지 가서 군마 30여 필을 구해와 의병장 김덕령의 사기를 올리려고 노력하기도 했다.* 또 당시 전쟁 상황과 식량보급, 의병모집을 위한 활동을 서술하고, 일본의 재침략에 대한 예방책을 강조한 《상체찰사이공항복서上體察使李公恒福書》와 전쟁 중의 모든 일과 득실을 논한 《와신기사臥薪記事》를 저술하였다.** 그런데 그 내용이 남원성 싸움의 실패 등 관리들 잘못을 지적한 책이라 관찰사의 미움을 사게 되었고, 이후 후진양성과 농사에만 전념하며 은거생활을 영위하게 되었다. 그는 일본과 화의가 진행된다는 소식을 듣고 다시 화친할 수 없는 명분과 국력을 신장

---

* 김덕진, 海狂 宋齊民의 학문성향과 의병활동, 역사학연구 제44집, p.119.
** 김덕진, 海狂 宋齊民의 학문성향과 의병활동, 역사학연구 제44집, p.112.

송제민과 아들 송타, 사위 권필을 배향하는 운암서원 전경.

하여 극복해야 된다는 이유를 역사지식으로 예증하면서 설명한 '척왜만언소斥倭萬言疏'를 올리려 했으나 이를 들은 관찰사가 만류하자, '경세제민經世濟民'을 이루려 했으나 뜻을 펴지 못했으니 제민濟民이라는 이름 대신 '서민庶民'이라는 뜻의 제민齊民으로 고친 것으로 전해진다.*

　이를 가까이서 지켜본 송제민의 두 아들도 의병활동에 뛰어들었다. 큰 아들 타는 정유재란 때 피난 중에 무안에서 포로가 되어 왜선 배에 실려 한산도 앞바다에 이르렀을 때, 포로들과 함께 왜적의 칼을 빼앗아 싸우다가 죽었고, 둘

* 　이종범, 조선전기 潭陽 大谷 宋氏家의 成長과 關係網, 호남문화연구 제50집, p.263.

째 아들 장은 왜적에게 붙잡혀 일본에 끌려갔다가 다시 돌아왔다는 기록이 있다. 송강 정철은 송제민의 성품에 대하여 "그 마음은 물 속에 비친 달과 같고, 그 지조는 서리와 눈같이 냉엄하였으며, 그 가슴에 품고 있는 바는 증점(공자의 제자)과 같았고, 그 큰 절의는 노중연(주나라 충신)과 같았다"고 표현했다.* 또, 송시열은 자신의 시문집 《송자대전宋子大全》**에서 "호남에는 옛날부터 으뜸가고 위대하며 어질고 뛰어난 선비들이 많았지만 그중에서도 세상을 잘못 만나 포부를 가진 채 그것을 실현시켜 보지 못하고 죽어 오래도록 뜻 있는 선비들의 마음을 아프게 하는 자로는 해광 처사만한 사람은 없다"고 술회하고 있다. 뒷날 정조는 해광의 애국충절을 높이 평가하여 사헌부 지평을 추증했고, 이 고장 유림들은 운암서원이라는 사당을 지어 그의 정신을 기리고 있다. 이 운암서원은 원래 1676년 광주군 황계면(현재 광주광역시 운암동)에 지어졌으나 대원군의 서원철폐령으로 1868년에 훼철되었다가 지금은 무등산 자락의 북구 화암동에 새롭게 지어져 있다.

이처럼 '물염정신'은 많은 사람들이 뜻을 같이하며 철학과 문학으로 혹은 효와 나라사랑 등으로 면면히 이어와 '호남정신'의 한 축을 형성하게 된 것이다. 이런 격랑의 역사를 기억하고 있을 유서 깊은 물염정은 말이 없다. 그저 이곳을 찾는 이들의 시선을 자연으로 돌리게 한다. 당시 김인후는 물염정 풍경을 보고 짧은 오언시를 남겼다.

낮술에 대취하여 탄식하다가(大醉鳴陽酒)

* 김은희, 南道인물(88)-해광 송제민, 역사의 한 폭으로 숨겨진 人物, 한국매일 2012.12.18.
** 조선후기 문신·학자 송시열의 시가와 산문을 엮어 1787년에 간행한 시문집으로 정조의 명에 의해 국비로 간행된 책으로 215권이나 되는 방대한 양이다. 여기에는 왕이 직접 내린 묘비명과 제문, 발문 등을 비롯한 송시열의 정치적 성향이나 사상을 알 수 있는 다양한 형태의 기록이 있다. 특히 서찰 102권은 당시 정치, 문화, 생활상 등을 들여다볼 수 있는 귀중한 자료가 되고 있다.

춘삼월 봄날에 되돌아왔네 (歸來三月春)

강산은 천고의 주인일러니 (江山千古主)

사람은 백년토록 손님이라네 (人物百年賓)

그는 이 시대를 살고 있는 사람들이 삶과 자연풍경을 대하는 마음가짐이 어떠해야 하는지 한 수 배우게 해 준다. 과연 우리는 잠시 다니러 온 나그네처럼 손님의 처지에서 삶을 영위하고 자연을 대하고 있는지 아니면 마치 천 년을 살 것처럼 주인 행세하며 울타리 치고 소유하려고만 하는 것은 아닌지, 성찰하게 한다. 물염정은 당초 세속에 물들지 않고 살고자 했던 한 사람의 사색공간으로 시작되었지만, 이후 시인묵객들의 소통의 공간이 되었고 이후 유람객들의 필수 탐방코스가 되었다. 또, 단순히 자연을 노래하는 것에 그친 것이 아니라 어떻게 살아야 하는지를 진지하게 고민했던 곳이다. 우리는 지금 이 정자에 걸터앉아 무엇을 보고, 무엇을 생각하고, 무엇을 느낄 것인지 잠시나마 고민해 볼 가치는 있지 않을까.

정자에 걸터앉아 '소확행'을 즐기다

'소확행'이라는 말은 이미 젊은이들 사이에서는 트랜드처럼 통용되고 있지만, 아직 생소한 사람도 적지 않은 것 같다. 이 말은 《노르웨이의 숲》 등으로 국내에 널리 알려진 일본작가 무라카미 하루키村上春樹가 그의 수필 〈랑겔한스섬의 오후〉라는 작품에서 표현한 말로, 보통명사가 아니라 긴 문장을 줄여 신조어를 만들어낸 것이다. 말하자면 소확행이란 '일상에서 느낄 수 있는 소소하지만 확실하게 손에 잡히는 행복', 또는 '그런 행복을 추구하는 삶의 경향' 쯤으로 풀어

누정은 겉모습만 보면 한낱 쉼터 정도로 생각하기 쉽지만, 편액과 제액이 걸려 있는
내부를 들여다보면 그들의 내공이 어떠했을지 짐작할 수 있다.(물염정 내부)

서 말할 수 있을 것 같다. 그는 구체적으로 제시하였는데, 요컨대 '갓 구운 빵을
찢어먹을 때', '서랍 안에 반듯하게 정리되어 있는 속옷을 볼 때' 등과 같이 일상
에서 느끼는 소소한 즐거움을 예로 들었다. 이것은 덴마크의 휘게hygge*, 프랑스
의 오캄au calme, 스웨덴의 라곰lagom 등과 유사한 의미를 지니고 있다. 또, 진정한
행복은 가까이에 있음을 일깨워 주는 동화로 유명한 벨기에 작가 마테를링크의

---

* 고대 스칸디나비아어 'Hyggja'에서 유래했는데, 만족감, 쉴 수 있는 공간, 안전을 추구하는 것, 힘과 용기를 회
복하는 것과 관련된 의미를 담고 있다. 한편 덴마크의 작가이자 시인 토베 디틀레우센Tove Ditlevsen은 "휘게는 나
자신, 배우자, 세금 당국, 몸속 소화기관과 사이가 좋을 때 진정한 자기 자신이 되는 상태다"라고 말하기도 한
다.(마리 토렐 소더버그 지음(2016), 정여진 옮김, 휘게 스타일, (주) 위즈덤하우스)

〈파랑새〉역시 일상의 행복의 중요성을 얘기해 주고 있다. 우리에게는 '물염정신'이 있다. 훌륭한 선인들처럼 반듯하게 살지는 못해도, 그런 정신을 본받고자 하는 마음가짐이라도 새롭게 하는 것도 의미 있을 것이다. 어쩌면 현재를 살아가는 우리들에게 있어서 '물염정신'은 세속에 휩쓸리지 않고 자연과 일상의 소소한 것들에 주목하며 떳떳하게 행복을 느끼는 것일지도 모른다.

우리 주변에는 물염정 같은 유서 깊은 정자들이 참 많다. 담양 소쇄원이나 보길도 부용동 별서정원처럼 많은 사람들로부터 사랑받는 곳도 있고, 그다지 찾는 이 없는 산속의 외로운 정자들도 수없이 많다. 우리 주변에서 전통자원을 보기가 쉽지 않은 요즘 '정자여행'은 참 멋진 테마라고 감히 말할 수 있다. 그 이유는 자그마한 정자에 걸터앉아 전통건축의 아름다움을 만끽할 수 있고, 수준 높은 옛 시가문학을 접할 수 있으며, 우리의 멘토가 되어 줄 만한 훌륭한 인물, 그리고 켜켜이 쌓여 있는 흥미로운 역사적 이야기들을 만날 수 있기 때문이다. 이미 옛 선인들의 탁월한 안목으로 자리 잡은 터 위에 세워진 정자에 걸터앉아 아름다운 풍경을 감상하면서 우리는 그저 '소확행'을 즐기기만 하면 된다. 정자는 보기에 따라서는 한낱 작고 낡은 구조물에 불과할지도 모른다. 그러나 정자에서 만날 수 있는 풍경, 그리고 거기에 담긴 아름다운 이야기들은 무궁무진하다. 물염정은 세상에 물들지 않고 살고자 했던 한 고결한 선비의 이야기를 시작으로 옳은 일을 지향하는 것이 출세보다 앞선다는 선인들의 가르침을 조곤조곤 들려주고 있다.

열셋,
세속에서 이루지 못한 꿈,
이곳에서 위로받다

화순 환산정

화순을 닮은 정원, 환산정

무등산 자락 화순 수만리 계류를 따라 내려가다 보면 층층이 다랑이논과 옹기
종기 모여 있는 산촌마을이 눈에 들어온다. 한참을 더 가다 보면 예쁜 호수가 보
이기 시작하는데, 평소 사람들은 이곳을 눈요기만 하면서 그냥 지나쳐 버리기
일쑤지만 호수 안쪽을 눈여겨볼 필요가 있다. 그 위에 소담스런 정자와 그 정자
를 에워싼 자그마한 정원 하나가 눈길을 끈다. 바로 환산정環山亭이다.

  '산으로 둘러싸인 정자'라는 뜻을 가진 환산정은 전라남도 화순군 동면 서성
리 147번지에 위치해 있다. 그런데 지금은 마치 호수 가운데 호젓하게 떠 있는
섬에 세워진 정자처럼 보인다. 물론 이곳 주변은 무등산을 비롯한 크고 작은 구
릉성 산들이 온통 주변을 두르고 있고 그 산들을 모두 조망할 수 있는 위치인
야트막한 중앙동산에 환산정이 세워져 있다. 환산정이라는 이름은 중국 송나라
구양수가 저주 태수로 있을 때 지은 〈취옹정기醉翁亭記〉*의 첫머리에 나오는 "환
저개산야環滁皆山也(저주 지방은 모두 산으로 둘러싸여 있다)"에서 따온 것으로 보인
다. 그런데 이곳에 무등산 자락에서 흘러나오는 계곡물을 모아 농업용수로 활
용하기 위해 1965년 착공하여 1972년 완공한 서성저수지가 들어서면서부터 환
산정 주변이 물로 채워졌다. 이로 인해 산과 물이 만나 천하비경을 탄생시킨 셈
이다. 환산정은 저수지에 물이 가득 차면 찰수록 더욱 아름다워 보인다. 이제
이 정자를 환수정環水亭이라 불러야 할지 모르겠다. 어쨌든 지금은 화순을 대표
하는 비경으로 손꼽히고 있다. 그래서인지 호수 주변에 수려한 풍경을 배경으
로 한 카페가 눈에 띄고 전원주택들이 산자락 여기저기에 들어서고 있다.

  이 정원의 주인은 백천 유함百泉 柳涵, 1576-1661이다. 그는 주로 허봉, 이수광, 정경

---

* 민주식(2015), 醉翁의 즐거움: 歐陽脩의 '吏隱'에 관한 고찰, p.156, 동양예술학회 제27호.

세 등과 교유하였는데, 1636년(인조14)에 병자호란이 발발했을 때 격문을 보고 조수성 등과 함께 의병을 일으켰다. 청주까지 북상하였으나 인조가 강화에서 청나라 태종에게 굴복했다는 소식을 듣고 통곡하면서 돌아왔다고 한다. 의병을 해산한 후 이곳에 들어와 누정을 짓고 은거생활을 시작한 것으로 전해진다.

1637년 처음 정자를 지었을 때는 방 한 칸의 소박한 초정이었는데 1896년에 후손들이 중건한 것으로 알려져 있다. 유함의 10세손 유동영은 중건기에 저수지가 축조되기 전, 정자 주변의 풍경을 상세하게 묘사하고 있다.

서석산(무등산) 아래 마을이 있으니 서암이다.

여러 봉들이 연결되어 고리처럼 둘러쳐 있고 그 가운데 동산이 숯다리미처럼 솟아올라 있다.

하얀 물이 에둘러 흐르고 깎아지른 듯 붉은 절벽이 병풍처럼 둘러져 그림 같다.

사명산천(四明山川)에 다시 없는 풍경이라 이인(異人)의 굴택(屈宅)이 있을 것 같다.*

환산정은 1933년 보수를 거치면서 단층 팔작지붕 골기와의 정면 5칸, 측면 2칸의 현재 모습을 갖추게 되었다. 온돌방으로 된 중재실을 갖추고 있으며, 측면과 후면에는 평난간으로 둘렀고, 활주가 네 처마를 받치고 있는 구조다. 현재 서성저수지 안에 위치하고 있는데 '환산정'이라는 편액이 안쪽 창방에 걸려 있고 원운 18개의 제액도 함께 걸려 있다. 2007년 1월 5일 전라남도 화순군 향토문화유산 제15호로 지정되었다. 이 정원의 주인 유함이 당시 어떤 심경이었는지 그가 지은 시를 통해 엿볼 수 있다.

* 김신중(2013) 외, 화순의 누정기행, pp.63~65, 화순문화원.

뜰에는 외로운 소나무 화계에는 국화(庭有孤松階有菊)

진나라 율리 사람 도연명에게 배워(學來栗里晉先生)

세상이 어지러워 처음 세웠던 꿈 다 내려놓고(乾坤磊落達初計)

산수에 그윽이 깃드니 만정이 밀려오네(山水幽開托晚情)

나뭇잎에 계절이 있을 뿐 세월은 잊혀지고(槀上春秋忘甲子)

마음속은 온종일 님 생각으로 가득 차니(心中日月葆皇明)

군자의 절의를 그 누가 알아주랴(歲寒後凋其誰識)

그저 산중 늙은이 되어 불평을 다스리노라(時與山翁和不平)*

자신의 뜻을 펼치지 못한 안타까움을 다스리는 곳으로는 화순이 제격이었을 것이다.

화순和順은 지명이 말해 주듯 '조화와 순리'를 의미한다. 조선 영조 때 실학자인 형암 이덕무 선생의 글귀에서 그 의의를 찾아볼 수 있을 것 같다. 형암은 《청장관전서靑莊館全書》 제5권 〈영처잡고일嬰處雜稿一 매훈妹訓〉에 사랑하는 어린 두 누이동생을 위한 '열여섯 도막의 훈계'라는 글을 남겼다.

요컨대 "여자의 덕은 화순을 법도로 삼는다. 말씨와 걸음걸이에서 음식에 이르기까지 한결같은 마음으로 게을리하지 않아야 본분에 맞게 된다. 화순으로 속마음을 굳게 지녀, 전전긍긍 아침저녁으로 이 글을 암송하도록 하라. 이 가르침에 부끄러움이 없어야 하리니 내 말은 거짓이 아니다"라는 내용이다. 유함이 온화하고 순리를 따르며 살고자 하는 화순이라는 지명의 의미와 그에 걸맞은 조화로운 풍경에 매료된 것은 아닌지 모르겠다.

환산정은 누정과 저수지, 주변 산을 한꺼번에 보는 전경이 산수화처럼 아름

---

* 김신중(2013) 외, 화순의 누정기행, p.67, 화순문화원.

답다. 누정에 앉아 고개를 들면 멀리 제2의 적벽이라고 불리는 서성절벽이 보이고 누정 주위는 암석정원처럼 놓여 있는 바위들과 정자를 떠받들고 있는 것처럼 보이는 화계와 돌계단이 조화를 이루고 있다. 그리고 담장이 없는 정원에 다소 생소하게 느껴질 만한 솟을대문이 정자 앞을 지키고 있다. 그런데 묘하게도 그것으로 인해 이 작은 정원의 위계와 질서, 조화로움이 한꺼번에 완성되는 느낌이 든다. 특히 정자 앞에 외로이 서 있는 노송이야말로 환산정의 화룡점정이라고 할 수 있다.

환산정은 초미니 별서정원이지만 절제미와 단순미의 절정을 보여주는 최고의 정원이다. 정원 진입부의 벗나무, 그리고 정자 주변의 상수리나무, 호수변의 수생식물들은 환산정의 외로움을 덜어 주는 벗으로서 그 역할을 충실히 이행하고 있다. 환산정은 화려함이나 복잡함을 취하지 않고 세속의 힘을 다 내려놓고 오로지 주변 자연에 의지하여 지은 정자다. 대부분의 정자들이 그렇듯이 한 평 남짓의 방 한 칸, 그저 걸터앉을 수 있을 정도의 좁은 마루, 그리고 벗이 되어 줄 몇 그루의 화목, 그것이 전부다. 산으로 둘러싸인 곳에 정자를 짓고 세상에서 가장 작은 정원을 가꾸며 오직 자연에 화순하는 것으로 세속에서 뜻을 이루지 못한 마음을 위로받고 다스리며 살기에 이 정도면 족하다고 여겼던 것 같다.

이 정도면 족하지 않겠는가

환산정은 지금까지 내가 본 것 중에 가장 작은 별서정원이다. 아담한 정자와 솟을대문, 그리고 정자의 기단 역할을 겸하고 있는 바위들과 몇 그루의 소나무와 상수리나무 등이 전부다. 그렇다고 볼거리가 없다는 말은 아니다. 원경으로는 주변 산들이 고리처럼 에워싸고 있고, 근경과 원경을 잇는 호수 풍경이 자못 수

'산으로 에워싸여 있다'는 의미의 환산정이지만, 1960년대 서성저수지가
조성되면서 호수 위에 떠 있는 작은 정원이 되었다.

려하다. 정자마루에 걸터앉아 조망하는 풍경은 거의 정자 주인의 것이 아니고 그냥 빌려서 구경하는 것일 뿐이다. 그래서 이런 풍경을 차경이라고 한다.

누정이나 별서정원의 미학은 최소한 손을 들여 최대한 아름다움을 누리는 것에 있다. 모든 것을 갖추고 채운 후 감상하는 것이 아니라 기존의 자연을 공유하며 더불어 즐기는 것에 있다. 그래서 누정은 위치를 가장 중요하게 여긴다. 적절한 위치를 찾아 적당한 규모로 조성하는 것이 무엇보다 우선한다. 누정은 주로 주변 풍경을 조망하는 공간이지만, 반대로 외부에서 어떻게 보이는지도 중요하다. 말하자면 그 자체가 시점장視點場인 동시에 대상장對象場이 되는 것이다. 그래서 옛 선인들은 정자를 지을 때 주변 자연과의 조화를 최고의 덕목으로 삼았다. 자연지형이나 계류, 수목 등을 훼손하지 않도록 배려하는 것은 한결같다. 우리 전통정원에서 화려함이나 세련됨을 찾는다면 다소 실망스러울지 모르겠다. 오히려 절제미, 단순미, 여백미 등을 찾는 것이 훨씬 더 흥미롭고 만족스러울 것이다. 한정된 공간에 많은 것을 채우려 하지 않고 주변 풍경을 빌리는 지혜를 통해 훨씬 풍요로운 정원을 만들어낸 것이다. 정원을 조성한 선조들은 자신들의 생각과 뜻을 어떻게 실생활에 적용하고 있는지, 그리고 자연과 사람에 대한 배려를 어떻게 실천하고 있는지 눈여겨보는 것도 의미 있는 일이다. 누구나 자신의 주변 환경이나 외부공간에 크고 작은 영향을 미치며 살아간다. 한 번쯤 누정을 찾아 그 지혜를 배워 가는 것도 나쁘지 않을 것이다. 우리는 언제부턴가 사람이나 자연보다는 물질적 풍요나 당장의 안락함에 더 무게를 두며 살고 있는 것 아닌가 생각해 보게 된다.

옛 사람들은 정원에 시설물을 끌어들일 때 그것을 첨경물添景物이라고 표현하였다. 말하자면 어떤 것을 더해 또 하나의 새로운 풍경을 연출하고 아울러 경관의 완성도를 더욱 높인다는 뜻이다. 우리의 지역개발이나 도시계획에 있어서 배워야 할 소중한 가치가 여기에 숨어 있다. 일찍이 〈에밀〉, 〈사회계약론〉, 〈인간

불평등기원론〉 등의 저자로 유명한 장 자크 루소Jean-Jacques Rousseau, 1712-78는 "자연으로 돌아가라"고 설파했다. 그의 주장은 "인간은 선하게 태어났으나 사회에 의해 타락했다"*라는 그의 철학적 대전제에서 출발한다. 그가 말하고자 한 것은 원시인이 되라거나 자연인이 되어야 한다는 의미는 아니다. 자연이라는 영어단어인 'Nature'는 '본질'이나 '본연'이라는 의미도 내포하고 있다. 말하자면 우리가 초심으로 돌아가 원래의 선한 의지를 회복하여 공동의 행복을 위해 노력해야 한다는 의미를 담고 있다. "인간은 자유로운 존재로 태어나지만, 어디에서나 쇠사슬에 묶여 있다"**라는 〈사회계약론〉의 첫 문장은 책 전체를 가장 적절하게 요약하고 있다. 진정으로 자유로운 인간은 오로지 자연에만 의존하며 자신의 힘으로 살아간다. 그러나 사람들이 모여 살게 되면서 사회공동체가 생겨나고 사람은 관계 속에서 얽매일 수밖에 없게 된다. 따라서 공동의 선이 무엇이고 지속 가능한 삶의 철학이란 무엇인지 이 소박한 정원을 통해 성찰해 보는 것도 의미 있을 것 같다. 시대는 다르지만 뜻하지 않게 주어진 역경 속에서도 굴하지 않고 보여준 옛 지성인의 삶의 고뇌와 지혜를 배울 수 있기 때문이다.

두어 평 남짓의 작은 정자에서 자연에 동화되어 이웃과 교유하면서 시를 짓고 노래하며 즐거워할 수 있었던 것은 결코 소유에 있지 않음을 알 수 있다. 그저 눈으로 보고 마음으로 누리는 것을 족하게 여긴 소박한 삶의 자세와 여유 덕분이 아닌가 생각된다. 산과 물로 둘러싸인 환산정을 다시 떠올려 본다. 자연스러움이라는 것은 바로 이런 것을 두고 하는 말이 아니겠는가.

---

* 장 자크 루소 지음, 이재형 옮김, 인간불평등기원론, p.16, 문예출판사.
** 장 자크 루소 지음, 이재형 옮김, 사회계약론, p.12, 문예출판사.

열넷,
방랑벽도 잠재운
신선세계

화순적벽

시인·묵객 자취 그윽한 천하제일경, 화순적벽

"혹시, 봤어?" 요즘 화순적벽을 두고 하는 말이다. 보고 싶다고 아무 때나 볼 수 없기 때문이다. 화순적벽은 예나 지금이나 보는 이로 하여금 찬사를 쏟아내게 한다. 태고의 비경을 그대로 간직하고 있기 때문이기도 하지만, 산과 물이 어우러져 만들어낸 몽환적 분위기가 일상의 풍경에서 느낄 수 없는 색다른 감동을 주기 때문이다.

화순(이서)적벽은 장항(노루목)·보산·창랑·물염 등 4개의 적벽을 총칭하여 일컫는다. 이들은 서로 닮은 듯 다른 듯 연관성을 가지면서도 각자의 아름다움을 보여주고 있다. 그 가운데 대표격이라고 할 수 있는 장항적벽은 산의 형세가 노루의 목을 닮았다 하여 노루목적벽이라고 부르기도 한다. 실제 산길에 노루가 많이 뛰놀았다는 얘기도 전해진다. 또 정지준이 건립한 망미정望美亭 앞에 있다고 하여 망미적벽으로 불리기도 한다. 어쨌든 '화순적벽和順赤壁'이라함은 노루목적벽을 일컫는데 이를 맞은편 전망대에서 바라보면 금방 호수에서 거대한 새가 막 춤을 추며 비상하는 것처럼 위용을 뽐내고 있다. 산의 계곡과 능선은 수목과 바위가 어우러져 마치 새의 깃털이나 노루의 등 근육처럼 생동감 있게 느껴지기도 한다.

화순적벽은 중종(1519년) 때 기묘사화로 화순에 유배 중이던 신재 최산두新齋 崔山斗, 1483-1536에 의해 중국의 적벽에 빗대어 붙여진 이름이다. 붉은색 기암괴석이 소동파가 노래한 중국 양쯔강의 황저우 적벽에 버금간다는 이유에서다. 화순 동복 일대는 일찍이 풍광이 빼어난 곳으로 손꼽히는 곳이었지만, 〈여지도서〉에 의하면 원래 석벽으로 불리기도 했으나 최산두에 의해 적벽이라 부르게 되었다.* 조선 후기 전국 유명 명승지를 그린 〈청구남승도〉와 일제 강점기에 제작된 〈조선남승도〉에는 동복적벽으로 기록되어 있고, 〈해동남승도〉에는 그 앞을 흐르는 동복적벽강으로 등재되어 있다.** 적벽은 옹성산(572.8m) 서쪽에 우뚝 서 있는데 절벽의 바위 색이 붉은색이어서 사람들이 기이하게 여겼다고 한다. 적벽강을 마주보고 형성된 붉은 단애가 7㎞ 이상 되는 계곡을 따라 이어져 있다. 화순적벽 바위에는 "적벽동천赤壁洞天"이라는 붉은색의 작은 글씨가 새겨져 있어 이를 찾아보는 재미도 있다. 적벽이 신선세계와 다를 바 없다는 의미로 석천 임억령이 명명한 것으로 전해진다. 화순적벽은 일종의 암벽정원이자 수직정원이라고 할 수 있는데, 화선지에 그려진 그림을 감상하듯 감상하면 된다. 다만, 그 액자 안에 어떤 풍경, 어떤 구도를 담을 것인가는 보는 이의 몫이다. 정약용은 화순 현감으로 있던 부친을 방문했을 때 적벽을 보고 느낀 감상을 다음과 같이 사실적으로 기록하고 있다.

적벽강 정자에서 노닐며(遊赤壁亭子)

해맑은 가을 모래에 가는 길이 나 있고(歷歷秋沙細逕分)

동문의 푸른 산엔 구름이 피어나네(洞門靑翠欲生雲)

새벽녘 시냇물엔 연지 빛이 잠기었고(溪潭曉浸臙脂色)

깨끗한 돌벼랑은 비단무늬 흔들린다(石壁晴搖錦繡文)

수령의 한가한 놀이 누가 흥취 즐기나(刺史燕游誰得趣)

시골 사람 무리지어 밭 갈고 낚시하네(野人耕釣自成群)

사랑스러워라 고운 산수 외진 곳에 자리잡아(獨憐山水安孤僻)

명성 함부로 흘려 세상에 드러나지 않는다네(不放名聲與世聞) (하략)***

---

*　김대현, 조선전기 '무등산권 赤壁' 공간의 문학작품 연구, p.96, 韓國古詩歌文化硏究 제34집.
**　정치영 외(2016), 조선의 명승, pp.93~99, 한국학중앙연구원출판부.
***　김대현, 조선후기 '무등산권 赤壁'공간의 문학작품 연구, pp.18~19, 韓國古詩歌文化硏究 제40집.

또 황현이 그곳을 거닐며 구경하다 쓴 글에는 적벽의 기이하고 아름다운 풍경이 상세하게 묘사되어 있다.

을미년(1895년, 고종 32) 9월에 나는 동복현의 적벽을 유람하였다. 이 벽은 동복현에서 서북쪽으로 20리쯤에 있다. 상하로 10리 산이 다 벽이고 강이 이를 감돌아 흐른다. 우뚝하게 높고 큰 벽이 무너질 듯 위태로우며 마치 새가 날개를 편 듯 둘러쳐져 있다. 모두 불가사의한 형세를 이루고 있지만 그중에서도 비할 수 없이 기이하고 웅장하기로는 이곳 적벽이 최고다. … 그리고 한창 가을 깊어지면 자주색 끈이 늘어진 것처럼 늙은 이끼가 길게 드리워진다. 거기다 석양이 붉게 비칠 때에는 바위틈에 비스듬히 자란 단풍나무가 솟아오르는 불처럼 아련하게 붉은 빛을 더한다. 그리되면 여러 색이 섞인 가운데에서 한 덩이 붉은 물결이 이루어진다. 따라서 적벽이란 명칭은 역시 가을에 이루어졌다고 할 수 있겠다.*

이처럼 적벽의 풍경은 어느 때나 아름답지만 특히 가을의 적벽을 예찬한 대목이 눈길을 끈다. 적벽 일대 당시 분위기를 엿볼 수 있는 그림이 있다. 17세기에 주로 전라도 지역에서 활동한 화가 전충효(생몰년 미상, 조선 후기 화가)의 〈석정처사유거도〉인데 적벽강의 물줄기와 양옆의 절벽이 표시되어 있어 그림으로도 완벽한 구도를 형성하고 있다. 한편, 기묘사화로 중종 때 유배된 조광조도 화순에서 사약을 받기 전 한동안 배를 타고 적벽의 절경을 감상하면서 한을 달랬다고 전해지고 있고, 대학자 하서 김인후도 적벽시를 지어 화답했다고 한다. 이후에도 수많은 풍류 시인들이 이곳에 머물며 칭송을 아끼지 않았다. 특히 방랑시인 김삿갓도 적벽을 그냥 지나치지 못하고 노래했을 뿐 아니라 그의 방랑

* 정치영 외(2016), 조선의 명승, pp.135~137, 한국학중앙연구원출판부.

전충효, 〈석정처사유거도〉, 17세기, 견본담채, 131.5×81.3㎝, 박주환 소장.

벽을 잠재운 곳이 바로 이곳이었다.

    무등산이 높다더니 소나무 아래 있고(無等山高松下在)

    적벽강이 깊다하되 모래 위에 흐른다(赤壁江深沙上流)*

이같이 노래하면서 적벽에 반한 그는 무려 13년의 여생을 여기서 머물며 수많은 시를 남겼고, 화순군 동복면 구암에서 생을 마친 것으로 전해진다. 화순적벽이 근대까지 '조선십경' 가운데 한 자리를 당당히 차지했던 것이 그저 우연이 아니었음을 여실히 보여주고 있다.

국가지정문화재 '명승', 화순적벽

화순적벽은 1985년 동복댐 일대가 상수원보호구역으로 지정된 후, 그동안 실향민들에게만 간간이 개방됐을 뿐 일반인들의 출입이 제한되었다. 적벽이 다시 모습을 드러낸 건 2014년 10월 광주광역시와 전라남도(화순군)가 상생 발전을 위해 개방에 합의하면서부터다. 그 후 30년 동안 기다렸던 여행객들의 발길이 이어지고 있다. 개방은 매주 수·토·일요일로 제한하고 있다. 화순군 홈페이지(tour.hwasun.go.kr)를 통해 사전예약을 하여 셔틀버스를 이용하도록 하고 있다. 다만, 12월부터 이듬해 2월까지 동절기에는 버스투어를 운영하지 않는다.

화순적벽은 표면이 노출된 암석과 이곳에 뿌리를 내리고 자라는 수목이 절묘하게 어우러져 마치 한 폭의 동양화나 잘 꾸며진 암석정원을 보는 듯 아름답다.

*   박선홍(1990), 무등산, p.224, 도서출판 규장각.

인접한 옹성산과 동복호 등 인근의 산림 경관, 호수 경관이 조화를 이루고 있는 곳으로, 장항적벽 절경은 화순적벽의 대표로 꼽히고 있고, 창랑리에 있는 창랑적벽, 물염마을에 있는 물염적벽도 절경으로 유명하다. 물염적벽의 건너편 언덕 위에는 '티끌 세상에 물들지 말라'는 뜻으로 세운 물염정을 비롯해 망미정, 송석정 등 다수의 정자가 있어 화순적벽의 수려한 자연경관을 조망할 수 있다. 그 가운데 향토문화유산 제3호로 지정되어 있는 물염정은 16세기 중엽 명종 무오년에 문과급제, 사헌부 감찰, 시강원 보덕, 풍기군수를 역임한 홍주 송씨 물염 송정순이 건립한 정자로 김재로, 이식, 권필, 김창협, 김창흡, 송병선 등 당대 명사들이 물염정과 물염적벽을 노래한 시액들이 다수 걸려 있다.

《여지도서興地圖書》*와 《대동지지大東地志》** 등에도 적벽 주변에 있던 누정대에 관한 기록이 남아 있다. 그리고 편액 현판과 상량문, 주련, 시·기문 등 다양한 기록 자료와 시비 등을 통해서도 화순적벽의 역사·문화적 가치를 확인할 수 있다. 화순적벽은 경관뿐 아니라 지질학적으로도 그 가치를 평가받고 있다. 지금으로부터 약 1억 3600만–6500만 년 전 중생대 백악기 퇴적층 내 층리(평행한 줄무늬)면이 넓게 발달되어 있어 자세히 들여다보면 마치 시루떡을 켜켜이 쌓아 놓은 듯하다. 문화재청은 이런 화순적벽의 다양한 가치를 높이 평가하여 2017년 2월 9일 화순적벽을 국가지정문화재 '명승 제112호'로 지정했다. 이미 조선시대부터 명승지로서 유명세를 떨쳤던 화순적벽이 명승으로 지정됨으로써 그 명성을 이어갈 수 있게 되었다.

---

* 1757년(영조 33)부터 1765년까지 전국 각 군현에서 편찬한 읍지를 모아 엮은 전국 지리지다. 한국교회사연구소에 소장되어 있다. 55책, 295개 읍지와 17개 영지, 1개 진지로 구성되어 있으며, 39개 군현 읍지와 6개 영지가 누락되어 있다.(출처: 위키백과)

** 1862년(철종 13년)부터 1866년(고종 3년)까지 김정호가 펴낸 지리서다. 30권 15책으로 이루어져 있으며, 이 가운데 평안도편 일부와 산수고 및 변방편 등은 결본이다. 현재 고려대학교 도서관에 소장되어 있는 《대동지지》는 김정호의 육필본이다. 다만 《대동지지》의 평안도편은 김정호의 친필이 아니며 나중에 누군가 정서하여 첨부한 것으로 여겨진다.(출처: 위키백과)

열다섯,
산을 품은 푸른 강물에
정자마저 스며들다

능주 영벽정

지석강을 물들인 눈부시게 푸른 영벽정의 봄

화순군 능주면 관영리 지석강 상류 영벽강으로 불리는 구간의 강변에 영벽정映
碧亭이라는 정자가 늠름하게 서 있다. 영벽정(전라남도 문화재자료 제67호)은 건너
편에 있는 연주산이 강물에 투영되어 비치는 풍경이 눈부시게 푸르고 아름다워
붙여진 이름이다. 그도 그럴 것이 연주산 풍경과 강변을 따라 늘어선 왕버들,
벗나무, 개나리 등이 한데 어우러져 강물에 반사된 풍경은 실로 환상적이다. 긴
겨울을 지나 꽃이 피고 초록이 돋아날 때쯤이면 마치 담채화를 보고 있는 것으
로 착각할 만큼 그림 같은 풍경을 연출한다.

지석강은 화순에서는 물론이고 나주와 광주사람들이 즐겨 찾던 곳이다. 어
린 시절 첨벙첨벙 물장구치며 시간 가는 줄 모르고 멱을 감으며 더위를 식혔던
추억이 서린 곳이다. 또, 학창시절에는 봄, 가을 단골 소풍지였으며, 어른들은
다슬기, 조개 등 수렵을 하거나 매운탕에 시원한 막걸리 한 사발 들이키며 한가
로이 여가를 즐겼던 곳이기도 하다. 심지어 영벽강은 관내 초·중학교 교가에
도 등장할 정도로 능주사람들에게는 참으로 친근한 이름이다. 연주산은 또 어
떤가. 300m도 채 안 되는 야트막한 산이지만, 정상에 오르면 능주 시가지가 한
눈에 들어온다. 점심을 먹고 잠시 산책하기에도 안성맞춤이다. 예전엔 진달래,
개나리 꽃구경도 하고 그 꽃잎 따다가 봄 향기 가득한 화전을 만들어 먹기도 했
었다. 지석강과 연주산(268.8m)은 인근지역 사람들에게는 소중한 추억의 장소
이자 최고의 놀이터였다.

이렇게 유서 깊고 아름다운 풍경을 배경으로 들어선 영벽정은 능주목 관아
에서 조성한 정자로 당시 능주고을 목사들의 영송연회가 베풀어졌던 곳으로 유
명하다. 그런 이유 때문인지 사적인 용도의 누정과는 달리 영벽정은 규모도 비
교적 크고 단청도 다소 화려한 편이다. 기둥과 기둥을 잇는 도리에는 용틀임을

하는 용의 화려하고 섬세한 문양이 새겨져 있고 천정에는 연꽃문양과 우물모양의 장식으로 한껏 멋을 부렸다.

화순은 세계문화유산인 고인돌유적이 광범위하게 분포해 있는 지역으로 선사시대 이래 많은 사람들이 살았던 지역이다. 지금 화순군 인구는 6만 5000 명 정도지만, 오히려 1960년대에는 15만 명이 넘는 인구가 살았었다. 여느 농촌지역과 마찬가지로 산업화의 소용돌이를 피해갈 수 없었지만, 산 좋고 물 좋고 인심 좋은 화순은 참 살기 좋은 고장이다. 통일신라 때는 능성군, 고려 때는 능성현이라 했고 1632년(인조10년)에 인조의 어머니 인헌왕후 구씨의 관향이라 하여 능주목으로 승격되었다.

영벽정이 언제 조영되었는지 정확한 연대는 알 수 없으나 양팽손과 김종직의 시에 영벽정이 언급되어 있는 것으로 보아 그 이전에 지어진 것으로 추정된다. 그 후 인조10년 능주목사 정연이 새롭게 고쳐서 당시 아전들의 휴식처로 이용한 것으로 전해지고 있다. 1872년(고종9년) 누정이 화재로 소실되자 이듬해인 1873년 능주목사 한치조가 다시 새롭게 지었다. 그 뒤로도 중건과 보수를 거듭하다 1988년 해체, 복원했다. 건물은 앞면 3칸, 옆면 2칸 규모로 사방이 개방되어 있는 2층 누각형 건물이다. 둥근 기둥을 세워 마루를 깔았고 마루의 사방에는 조각한 난간을 돌려 장식하였다. 원래는 목조기둥이었으나 해체한 후 복원할 때 석조로 대체하였다.* 2층 누각에서 조망되는 영산강 지류인 지석강의 물줄기와 주변의 아름다운 풍경을 감상하고 있노라면 시름은 온데간데없이 사라진다. 누각의 기둥과 기둥 사이로 조망되는 지석강과 연주산의 풍경이 마치 영화의 필름처럼 여러 개의 프레임으로 나눠지고 한 장면 한 장면이 연결되면서 눈을 즐겁게 해 준다. 잠시 카메라를 줌업하듯 시선을 돌려 누정 내부를 들여다

---

* 송태갑(2011), 전남누정의 특성분석 및 활용방안, pp.196-198, 전남발전연구원.

오랜 세월동안 함께 해 왔을 법한 오래된 벚나무에 꽃이 활짝 피었다.
영벽정도 더불어 표정이 밝아 보인다.

보면 옛 시인묵객들의 시구들이 병풍 두르듯 빼곡하게 전시되어 있다. 정자 안쪽에는 아홉 개의 현판이 걸려 있다. 정자에 걸려 있는 간결하고 아름다운 시구들이 어떤 부연설명보다 당시 영벽정 풍경을 가장 잘 묘사하고 있다.

> 물은 산을 품어 푸르름을 더하고(水含山共碧)
> 물에 비친 정자는 물 밖보다 푸르네(映者碧於亭)
> 만가지 푸름에 천상을 두르니(環璧萬千像)
> 산수의 합치가 이 정자 이름에 깃들어 있네(合而名此亭)

또 정자를 중수한 후 한치조는 다음과 같이 노래했다.

> 산수가 아름다워 붉은 난간 더욱 좋고(山光水色動朱欄)
> 옛것을 다시 새롭게 꾸며 뒷날에 빛내고자 했네(舊制重新耀後觀)
> 오늘에서야 낙성을 알리니 하늘의 도움이 있고(今日告成應有數)
> 지난날 화재는 뜻밖의 일이었네(向來回祿太無端)
> 공무와 여가에 손님과 함께 오르기 좋고(公餘携客登臨好)
> 농사짓는 틈틈이 병사 조련하기 넉넉하리라(農隙調兵進退寬)
> 이제 객관 동쪽에 있는 봉서루와 마주보게 되었으니(却與鳳棲樓共峙)
> 항주의 풍광인가 모두가 반기네(杭州眉目使人歡)*

이 시에서 "산수가 아름다워 붉은 난간 더욱 좋고"나 "항주의 풍광인가 모두가 반기네" 등의 시구를 볼 때 영벽정이 얼마나 아름다웠는가를 알 수 있고, 또

---

* 김신중(2013) 외, 화순의 누정기행, pp.158-159, 화순문화원.

"공무와 여가에 손님과 함께 오르기 좋고"나 "농사짓는 틈틈이 병사 조련하기 넉넉하리라" 등의 표현으로 볼 때 당시 영벽정의 용도가 어떠했고 위상이 어떠했는지 어느 정도 짐작할 수 있을 것 같다. 그밖에도 화순군 춘양면 출신으로 노사 기정진의 제자인 일신재 정의림은 다음과 같이 노래했다.

능주의 아름다운 경치는 산수화로 표현하기 어렵구나(紅綾山水畵難形)
백성들은 화목하고 만물이 풍요롭구나(民富物豐百里寧)
남쪽 고을의 명승지를 어디에서 찾아볼까나(南州勝狀看何處)
서석산(무등산) 돌아보고 오는 길에 이 정자 찾아보게나(瑞石歸路又此亭)

그리고 능주 쌍봉리 출신인 만희재 양진영은 철종10년(1860) 72세 때 증광 진사시에 입격한 만학도였다. 만희재 역시 다음과 같이 읊었다.

흰 물새 날아오니 흰빛의 영백정이요(白鷗飛映白亭)
붉은 여뀌 붉게 피어나니 붉은 빛의 영홍정이요(紅蓼發映紅亭)
흰 물새 날아가고 붉은 여뀌 떨어지니 푸른 빛의 영벽정이네(白鷗去紅蓼落映碧亭)

영벽정에서 주변 풍경을 실컷 감상하는 것도 좋지만 반대로 정자에서 내려와 맞은편 연주산 쪽으로 발걸음을 옮겨 누각과 어우러진 풍광을 감상하는 것도 권할 만하다. 운이 좋은 날은 영벽정 옆으로 가끔씩 지나는 경전선 기차가 달리는 풍경을 만날 수 있어 운치를 더해 준다. 보성 쪽에서 능주의 너른 들판을 통과하여 달려오거나 반대로 나주에서 보성으로 향하는 기차는 영벽강을 가로질러 느슨한 곡선을 그리며 마치 누각을 곁눈질이라도 하듯 늘씬한 자태를 뽐내

영벽정 앞을 흐르는 지석강변에 흐드러지게 핀 벚꽃과 듬직한 왕버들이
상춘객을 맞이할 채비를 하고 있다.

며 살짝 비껴간다. 햇살 가득한 봄날, 화순 능주 지석강변에 있는 영벽정은 참
눈부시게 푸르고 아름답다.

목사고을 능주를 아시나요?

화순읍에서 국도29호선을 따라 능주로 진입하다 보면 지석천변에 "목사고을 능
주"라고 제법 큼직하게 새겨진 석조물이 눈에 띠고, 면소재지 입구에는 '목사고

한때 광주, 화순 일원에서 최고의 소풍명소로 이름을 떨쳤던 지석강은
소박한 영풍정도 연주산의 화려한 가을풍경도 투명하게 담아내고 있다.

을 능주문'이라고 쓰인 일주문이 정겹게 맞이한다. 그만큼 능주사람들은 예로
부터 이어져 온 능주의 전통과 명성을 자랑스러워하고 있음을 느낄 수 있다.

　기록에 의하면 영산강으로 흐르는 지석강변에는 영벽정 외에도 아름다운 강
줄기를 따라 많은 정자가 있었다. 그중에서도 영벽정은 능주 면사무소 옆에 있
는 봉서루棲鳳樓와 더불어 수려한 풍경으로 쌍벽을 이뤘다고 전해진다. 봉서루
의 달 구경을 노래한 봉서완월鳳棲翫月이 능주팔경 중 제1경이고 영벽정의 봄놀
이, 요컨대 영벽상춘映碧賞春은 제2경인 것만 보아도 알 수 있다. 이 두 건물은 규
모나 모양새가 마치 형제처럼 느껴져 어쩐지 낯설지가 않다. 능주는 봉황, 대나

무와 밀접한 관련이 있는데 주산도 비봉산이다. 봉황은 전설에 따르면, 대나무 열매를 먹고산다고 알려져 있는데 능주의 백제시대 옛 이름도 죽수부리로 불리기도 했다. 비봉산성을 비롯해 봉란대, 봉서루, 죽수서원, 죽수절제아문 등 지명이나 문화유적에 봉鳳자나 죽竹자가 유난히 많은 것도 이와 무관치 않다. '죽수'라는 별칭도 지역에 대나무가 많았던 이유이기도 하겠지만 더불어 대나무가 절의를 상징한다는 점도 간과할 수 없다. 그에 걸맞게 조광조, 양팽손, 최경회 등을 배출한 능주는 목사고을이자 자랑스러운 의향이다.

화순은 조선시대 때 능성현, 동복현, 화순현 등 세 개 행정구역이 합쳐진 곳이다. 그래서 그런지 화순군에는 타 지역에 비해 관청에서 건립한 공루가 많았던 것을 알 수 있다. 실제 성종 때 편찬된 《동국여지승람》에는 화순지역의 누정으로 봉서루, 응취루, 송정루, 척서루, 아풍정 등이 수록되어 있는데, 송정루를 제외한 나머지는 모두 각 현의 객관 주위에 있던 공루들이었다. 이 가운데 봉서루만이 1996년에 복원되어 그 모습을 볼 수 있을 뿐, 나머지 누정들을 볼 수 없다는 점이 무척 아쉽다. 우리나라 누정은 삼국시대 왕실에서 조영한 궁궐건축에서 비롯되어, 고려시대를 거치며 관청과 사찰로 건립 주체가 확대되었다. 조선시대에는 향교와 서원이 이어받았으며, 고려 말 조선 초를 거치면서 민간영역에서도 누정건축과 더불어 별서정원 문화가 활발히 이루어지게 되었다.

누정의 기능은 참으로 다양하다. 단순히 자연을 감상하는 것은 물론이고 수많은 역작의 문학과 예술을 잉태하는 창작의 산실역할을 하기도 하였다. 뿐만 아니라 후학을 양성하는 교육적 기능을 수행했으며 지인들과 교분을 나누는 일종의 소통공간으로 활용하기도 하였다. 무엇보다 누정은 자연을 관조하며 호연지기를 기르고 때로는 자신을 돌아보고 성찰하며 심신을 수양하는 장소로서도 적격이었다. 햇살 좋은 봄이 다가기 전에 영벽정을 찾아 옛 선인들의 숨결을 느끼고 물오른 봄 풍경에 한껏 취해 보는 것도 좋을 듯싶다.

왠지 외로워 보이는 영풍정이 곁에서 오랜 벗처럼 함께하는
지석강과 연주산을 그저 물끄러미 바라보고 있다.

열여섯,
물을 보며 마음을 씻고
꽃을 보며 마음을 아름답게 하다

화순 임대정

마음을 씻는 별서정원, 임대정

전남 화순읍에서 동남쪽 보성 방향으로 10㎞쯤 가다 보면 남면사무소 소재지인 사평리에 다다른다. 이곳은 조선시대 행정구역으로는 동복현 사평촌에 해당하는데, 임대정(명승 제89호)은 이곳 사평마을을 끼고 흐르는 외남천을 앞에 둔 야트막한 언덕배기에 자리해 있다. 외남천은 화순군 한천면 고시리에서 발원하여 화순군 남면 사평리에서 동복천으로 합수되는 섬진강 수계의 지방 2급 하천이다. 하천수가 비교적 깨끗한 덕분에 이곳에서 마을 사람들이 다슬기 잡는 모습이 종종 눈에 띄고 어린아이들이 한가로이 물장구치며 멱 감는 모습도 볼 수 있다.

임대정臨對亭은 조선 후기에 민주현이 지은 것으로 학을 닮은 지형을 배경으로 정자와 연못을 조성한 대표적인 호남 별서정원 가운데 하나다. 언덕 위에 정자를 짓고 상지, 하지, 방지 등 연못을 조성하고 주변에 각종 수목을 식재하여 전통적인 원림의 요소를 두루 갖춘 멋진 명승이다. 화순 임대정은 고반 남언기考槃南彦紀, 1534~?가 조성한 고반원考槃園에서 유래했다. 남언기는 1568년(선조1년) 학문이 출중하여 선조 초기 영의정 이탁의 천거로 당시 어린이들을 훈육하는 동몽교관에 임명되었으나 곧 사직하고 이곳에 내려와 오로지 학문수양과 은일생활에 몰두한 것으로 알려져 있다. 남언기의 《고반유편考槃遺編》은 이이명의 《소재집疎齋集》 발문에 실려 있다.* 그 원園을 고반이라 하고 자호를 고반원 주인이라 했다. 고반이란 《시경詩經》의 '위풍 고반편'에 "고는 이루다는 뜻이고, 반은 머물러 멀리 떠나지 않는 모양이니 은거할 집을 이룬다는 말이다.** 요컨대 고반은 은일자가 은거할 거처를 마련했다는 뜻으로 세속을 떠나 자연을 벗 삼아 즐긴

---

* 소재집(1996), 疎齋集卷之十 題跋, 한국문집총간, 한국고전번역원.
** 김학주(2016), 새로 옮긴 시경(詩經), p.217, 명문당.

것으로 보인다. 그 후 300여 년이 지난 19세기 후반 사애 민주현이 귀향하여 고반원의 옛터에 정자를 건립하고 이를 임대정이라 명명했다.*

초기 임대정 원림의 풍경을 엿볼 수 있는 내용이 민주현의 《사애선생문집》 권1에 수록되어 있는 다음의 원운 제영에 잘 나타나 있다.

작은 정자를 은행나무 곁에 새롭게 지으니(新築小亭杏種陰)

곳곳의 그윽한 흥취 배가 되어 금할 수 없네(箇中幽興倍難禁)

푸른 누대 사이에서 밝아 오길 기다리며(碧臺間有待明到)

자리 다투며 때때로 들에 일하는 촌로를 바라보네(爭席時看野老尋)**

임대정은 송나라의 염계 주돈이가 지은 시에서 가져온 명칭이다. 그는 자신의 향촌생활을 "새벽 물가에 임하여 여산을 바라보네終朝臨水對廬山"라고 묘사한 바 있는데, 이 시구를 인용하여 정자 이름을 임대정이라 명명한 것이다. 이는 민주현의 〈임대정기〉에 기록되어 있는데, "드디어 아침 내내 물가에서 여산을 대한다遂取終朝臨水對廬山之句 名以臨對"라는 구절을 통해 알 수 있다.*** 임대정에 들어설 때 가장 먼저 눈길을 끄는 것은 초입부에 세워진 자연석이다. 이 돌에는 "사애선생장구지소沙厓先生杖屨之所"라는 글이 새겨져 있다. 여기서 '장구'라 함은 지팡이杖와 짚신 또는 가죽신屨을 의미하는데, '장구지소'는 즐겨 찾는 곳, 혹은 발자취를 남긴 장소라는 뜻이다. 그냥 지나가는 길이 아니라 머물러서 훈도한 곳이다. 훈도란 '가르치는 사람의 인품과 덕으로, 다른 사람의 품성이나 도덕 따위를 길러서 바른 길로 나아가도록 하는 것'을 말한다. 즉, 교화하고 훈육하는

* 김희태·심홍섭, 화순군 문화재전문위원 화순 임대정 원림 관련 기록과 자료, 향토문화 제38집, p.153.
** 김희태, 화순 임대정 원림의 연혁과 관련인물, 향토문화 제33집, p.28.
*** 김희태, 화순 임대정 원림의 연혁과 관련인물, 향토문화 제33집, p.22.

교육방식을 말하는 것이다. 임대정은 바로 그런 장소였던 것이다.

임대정은 정자가 위치해 있는 상단부와 연못이 조성된 하단부로 구분되는데 위에서 보는 재미와 아래에서 보는 재미가 각각 다르다. 임대정 편액이 걸려 있는 정자는 인근의 다른 정자들과 크게 다르지 않다. 정자 바로 앞에는 조그마한 사각형 연못이 조성되어 있다. 이 방지 한가운데 둥근 섬이 있다. 방지 안의 섬 정면에는 조그마한 입석이 세워져 있는데 "세심洗心"이라는 글씨가 새겨져 있다. 이는 《장자莊子》에 나오는 말로 '물을 보며 마음을 씻고, 꽃을 보며 마음을 아름답게 한다觀水洗心 觀花美心'는 뜻으로, 이곳에서 마음을 다스리고자 했음을 알 수 있다. 또 정자 앞에 잘 다듬어진 돌이 놓여 있는데 삼면에 모두 음각이 새겨져 있다. 앞면에는 '걸터 앉는 돌'을 의미하는 "기임석跂臨石", 오른쪽 면에는 '연꽃의 향기가 멀리 흩어지는 것'을 뜻하는 "피향지披香池", 왼쪽 면에는 '연꽃의 맑은 향기를 붙잡아 당기다'는 의미의 "읍청당揖淸塘"이라는 글씨

임대정 뜰 연못 앞 바위에 새겨진 "세심"이라는 글귀.

가 각각 새겨져 있다. 피향지와 읍청당은 각기 '향'과 '청'이라는 글자가 중간에 들어가 있는데 이는 주돈이의 《애련설愛蓮說》*에 나오는 "향기는 멀리 있을수록 더욱 맑다香遠益淸"는 구절에서 인용된 것으로 보인다.

정자 앞의 방지는 배후에 있는 산골짜기에서 물을 끌어들였던 것으로 보이는데 여기에서 넘친 물이 홈통을 통해 폭포처럼 아래 연못으로 떨어지도록 배치되어 있다. 하단부의 연못은 상지와 하지 두 개의 연못으로 이루어져 있는데 연못 중앙에 정자로 이어지는 원로를 만들어 자연스럽게 상지와 하지 두 개의 연못으로 갈라놓고 있다. 이 연못은 전통적인 방지형태를 따르지 않고 주변 지형에 어울린 자연스런 모양을 취하고 있다. 상지와 하지 중앙에 있는 두 개의 섬 안에는 배롱나무가 식재되어 있어 연못 풍경의 분위기를 주도하고 있다. 아울러 소나무, 느티나무, 벚나무, 버드나무, 향나무, 단풍나무 등이 주위를 감싸고 있어 위요감을 더해 준다. 무엇보다 정자와 연못이 단차를 두고 만들어져 공간의 위계감을 느낄 수 있어 색다른 느낌을 준다. 대나무 숲도 한몫 거들며 정원을 한층 더 아름답게 만들고 있다.

진흙 속에서도 물들지 않는 선비, 주돈이

조선시대 누정을 가까이하다 보면 임대정을 비롯하여 소쇄원의 광풍각, 제월당 등 작명 관련 유래에 자주 등장한 인물이 있는데 그 주인공이 바로 주돈이다. 조선시대 유학자들 상당수가 그의 영향을 적지 않게 받았음을 알 수 있다. 특히 당시의 정원문화와도 무관하지 않은데, 누정과 정원의 구성요소 등에 영

* 김창룡, 중국의 산문명작(4) −주돈이의 애련설−, 漢城語文學 제25집, p.12.

임대정과 연못 풍경.

향을 미치고 있음을 알 수 있다.

염계 주돈이는 중국 북송(960-1127)의 유교 사상가다. 북송의 황정견은 자신의 저서 《예장집豫章集》 '염계시서濂溪詩序'에서 "용릉 주무숙으로도 불리는 주돈이는 인품이 고상하고 마음이 대범한 것이 마치 맑은 날의 바람과 비 갠 날의 달과 같다春陵周茂叔, 其人品甚高, 胸懷灑落, 如光風霽月"라고 그의 인품을 극찬한 바 있다. 주돈이는 송학의 개조로 불리며, 태극을 우주의 본체라 하고 《태극도설太極圖說》과 《통서通書》를 저술하여 성리학의 이론적 기초를 쌓은 사람이다. 주돈이의 이론은 정호, 정이 형제를 거쳐 주희(주자)에 의해 집대성되었다.* '광풍제월'은 '광제'라고도 하는데, 훌륭한 인품을 말하는 것 외에도 세상이 잘 다스려지는 시기를 가리키는 말로도 사용된다.** 담양 소쇄원의 광풍각과 제월당이라는 이름도 여기에서 인용된 것이다.

주돈이는 정원에 식물을 식재하는 데 있어서도 그저 아름다움만을 추구한 것이 아니라 철학적 의미를 부여하려 하였다. 특히 그의 작품 《애련설》***은 마치 꽃말을 풀어쓰듯 국화, 모란과 더불어 연꽃에 대해 특별한 감정을 드러내고 있는 내용을 소개하고 있다.

물과 뭍에서 자라는 풀과 나무에서 피는 꽃 중에 사랑스러운 것이 매우 많지만(水陸草木之花 可愛者甚蕃)

진나라의 도연명은 유독 국화를 사랑했다(晉陶淵明獨愛菊)

당나라 이래로 세상 사람들은 모란을 몹시 사랑했는데(自李唐來 世人甚愛牡丹)

나는 홀로 연꽃을 사랑한다(予獨愛蓮之)

* 최형록, 周敦頤시 연구, 중국학연구 제57집, p.87.
** 주자, 性理大典, 권39 諸儒 1.
*** 이종묵 애련설과 집의 이름, 선비문화 23호, p.62.

임대정 뜰에 쓸쓸하게 서 있는 노거수 배롱나무는
정원의 대표로서 열일하고 있다.

진흙탕에서 자라나지만 더러움에 물들지 않고(出於淤泥而不染)

맑은 물에 깨끗이 씻어 요염하지 않으며(濯淸漣而不妖)

속은 비었으되 밖은 곧고(中通外直)

덩굴은 뻗지 않고 가지도 없으며(不蔓不枝)

향기는 멀리 퍼져 나갈수록 더욱 맑고 꼿꼿하고 깨끗하게 서 있으니(香遠益淸 亭亭淨植)

멀리서 바라볼 수는 있으되 함부로 만질 수는 없다(可遠觀而不可褻翫焉)

나는 말하겠다(予謂)

국화는 꽃 중의 은일자요(菊花之隱逸者也)

모란은 꽃 중의 부귀한 자요(牧丹花之富貴者也)

연은 꽃 중의 군자라고(蓮花之君子者也)

아! 국화를 사랑하는 자는(噫 菊之愛)

도연명 이후에는 들은 적이 드물고(陶後鮮有聞)

연꽃 사랑에 대한 뜻을 나와 같은 이가 몇 사람인고(蓮之愛 同予者何人)

모란을 사랑하는 사람이 많을 것은 당연한 일이리라(牡丹之愛宜乎衆矣)

이 작품은 사람들이 모든 꽃에 특별한 꽃말을 부여하게 된 계기가 되었다. 당시 국화에는 은일자, 모란에는 부귀라는 뜻이 있었다. 그런데 연꽃에는 그다지 내세울 만한 의미를 부여한 사람이 없었다. 이를 안타깝게 여긴 주돈이가 연꽃이 만개한 날 붓을 들어 연꽃의 덕스러움을 치켜세운 것이다. 그것이 '연꽃 사랑에 대하여애련설'다. 연꽃은 그에 의해 '군자의 꽃'이라는 새로운 애칭을 얻게 되었다. 그 이후 그가 의미 부여한 꽃말에 이의를 제기한 사람은 거의 없었다. 아무래도 당시 그의 학문적 경지나 인품에서 풍기는 존재감 때문은 아니었을까 생각해 본다.

열일곱,
노련한 정원사
다산의 손길을 느끼다

강진 다산정원

사색과 지혜의 공간, 다산정원

다산 정약용茶山 丁若鏞, 1762-1836이 강진 출생인 것으로 생각하는 사람들이 적지 않은 것 같다. 그도 그럴 것이 그는 18년이라는 세월을 강진에서 보냈고,《목민심서牧民心書》,《경세유포經世遺表》 등 그가 남긴 위대한 업적들이 대부분 이곳에서 이루어졌기 때문이다. 사실 그는 경기도 광주군 초부면 마현리에서 태어났다. 지금의 남양주시를 가리킨다.

정약용하면 동시에 떠오르는 것이 다산이고 또 다산초당茶山草堂이다. 다산초당은 언제부턴가 다산유적지의 대명사처럼 여겨져 있다. 그래서 그런지 다산정원하면 다산초당에 주목하게 된다. 그 주변에 다산사경이 모여 있는 것도 그 이유 가운데 하나다. 다산초당의 경물은 다조茶竈, 약천藥泉, 정석丁石, 석가산石假山 등 네 가지를 가리키는데, 이들을 읊은 칠언율시가 서첩으로 남아 있다. 사경 가운데 '다조(앞쪽 사진)'는 차 끓이는 부뚜막 역할을 하던 바윗돌로 현재 다산초당 앞마당에 놓여 있다. '약천'은 다산이 평소 떠 마시거나 약을 달일 때 사용하던 샘으로 다산초당 왼쪽 뒤편 모퉁이에 위치해 있다. '정석'은 다산이 자신의 성을 직접 새긴 것으로 다산초당 왼쪽 언덕배기 바위에 새겨져 있다. 그 바위는 다산초당의 명패 역할을 톡톡히 하면서 이곳을 방문하는 사람들의 단골 인증샷 장소가 되고 있다. 또 '석가산'은 다산초당 오른쪽 연못 중앙에 둥근 형태의 산 모양으로 돌을 쌓아 조성되어 있다. 이것은 신선사상에 근거하는데, 낙원을 상징하는 선산을 쌓은 것으로 대자연을 정원 속으로 끌어들이는 수법이다. 다산은 신선사상에 입각한 자연관을 가지고 있으면서도 자신만의 독특한 자연관으로 발전시켰다. 말하자면 자연과 생활이 융합된 실용적인 정원 가꾸기를 통해 자연과 사람 간의 소통하는 방법을 제시한 것이다.

이런 사상은 그와 그의 제자들의 저서에 잘 나타나 있다. 다산은 당시 풍경

다산초당 왼쪽 뒤편에 위치한 약천(좌)과 다산이 직접 새긴 정석바위(우)

을 시서화로 기록했고 제자들에게도 그렇게 하도록 요청했다. 이곳 풍광을 노래한 저서로는 《다산팔경사茶山八景詞》, 《다산사경첩茶山四景帖》, 《다산십이승첩茶山十二勝帖》 등이 있다. 이런 작품들을 보면 다산초당의 풍광이나 공간배치 변화 과정도 알 수가 있는데 초의선사가 그린 〈다산도茶山圖〉와 비교하면 매우 흥미롭다. 특히 《여유당전서與猶堂全書》에 실려 있는 다산이 지은 〈다산팔경사〉를 보면 당시 풍경을 생생하게 떠올릴 수 있다. 제1경 담장가의 작은 복숭아나무(拂墙小桃), 제2경 주렴으로 날아드는 버들솜(撲簾飛絮), 제3경 따뜻한 봄날 들려오는 꿩 울음소리(暖日聞雉), 제4경 보슬비 속에 물고기 먹이 주기(細雨飼魚), 제5경 비단바위를 휘감은 단풍나무(楓纏錦石), 제6경 국화꽃 투영되는 아름다운 연못(菊照芳池), 제7경 언덕배기 푸른 대나무숲(一塢竹翠), 제8경 골짜기마다 소나무 일렁이는 소리(萬壑松濤) 등 다산초당 주변의 일상 풍경을 함축적인 시로 표

지금은 기와지붕으로 변한 다산초당과 연못이 있는 풍경이다.
연못은 관상용 물고기를 넣어두기도 했고, 유사시 방화용수로 사용하는 목적이 있다.

현하고 있다.* 그밖에도 2500여 수가 넘는 방대한 다산의 시집에는 당시 다산이 자연과 어떻게 소통했었는지 잘 드러나 있다.

다산은 불가피하게 숲속 생활을 시작하였지만, 오히려 이를 계기로 자연을 더욱 이해하게 되었고 많은 영감을 얻은 것으로 보이며 숲을 정원처럼 가꾸며 제대로 누린 것이다. 지금 다산초당 주변에서는 꽃들을 별로 찾아볼 수 없지만, 다산이 얼마나 꽃을 좋아했는지 그 이야기는 〈다산화사茶山花史〉라는 시를 통해 전해진다. 그저 주어진 자연풍경을 즐기고 노래하는 데 그치지 않았다. 연못을 파서 물을 담아두고 관조했으며 정원용수로 활용하거나 비상시 화재를 대비한 소방용수 기능도 할 수 있게 하였다. 또 채마밭에 채소와 유실수를 가꾸어 실용정원으로 활용했다. 다산이 유배 오기 전 한양생활 당시에도 그의 꽃 사랑이 유별났고, 정원 가꾸기를 좋아한 것으로 정평이 나 있었다. 그는 다산초당에서도 국화 등을 길렀던 것으로 알려져 있다. 이와 관련된 일화를 소개하고자 한다. 우리가 익히 알고 있듯이 다산은 실사구시를 중시했다. 하지만 그는 단지 물질적이고 현실적인 유익을 우선한 것은 아니었다. 보다 심오한 사람의 도리에 대해 말하고 있다.

예전 죽란(서울 명례방의 집 이름)에서 살 적에 내 성품이 국화를 사랑했다. 해마다 국화 화분 수십 개를 길러 여름에는 그 잎을 살피고 가을에는 그 꽃을 보았다. 낮에는 그 자태를 관찰하고, 밤에는 그림자를 감상했다. 무실 선생이란 이가 지나는 길에 들렀다가 비난하며 말했다. "심하구려. 그대의 하려함이. 그대는 어째서 국화를 기르는가? 복숭아와 오얏, 매화와 살구 같은 꽃과 열매를 두루 갖추고 있소. 나는 이 때문에 일삼아 이를 기른다네. 열매가 없는 꽃은 군자

* 정민(2017), 삶을 바꾼 만남, p.303, 문학동네.

가 마땅히 실을 것이 못되오." 내가 말했다. "공께서는 하나만 알고 둘은 모르십니다, 그려. 형태와 정신이 오묘하게 합쳐져 사람이 됩니다. 형태만 기르면 정신이 굶주릴 수 있습니다. 열매가 있는 것은 잎과 몸뚱이를 길러 주고, 열매가 없는 것은 마음과 뜻을 즐겁게 하지요. 어느 것이든 사람을 길러 주지 않음이 없습니다."(부분)*

강진에 귀양 온 후에도 아들에게 보낸 편지나 가계(자식에게 주는 훈계를 적은 글)에도 원포(과수원과 채원) 가꾸는 일에 대한 당부를 빼놓지 않았다.

다산정원에는 실사구시를 바탕으로 한 제자양육과 창작의 산실이었던 다산초당을 비롯하여 서암, 동암 등이 있다. 또 둘째형 정약전이 그리울 때면 스산한 마음을 달랬을 것으로 보이는 언덕 위에 강진군에서 세운 천일각(1975년)과 해월루(2007년)도 있다.** 이곳에서 바라보는 강진만 일대의 조망이 일품이다. 그러나 그것이 다가 아니다. 약 1㎞ 정도 되는 다산초당과 백련사를 잇는 호젓한 숲속 오솔길은 다산과 그의 제자들에게 최고의 산책길이자 창작의 기운을 샘솟게 한 지혜의 정원이었다. 이 숲을 걸어 보지 않고서는 다산정원의 참맛을 알지 못할 것이다. 이 길에서 만나는 각종 꽃과 나무, 누정, 야생 차밭, 새소리, 바람소리, 게다가 나뭇잎 사이로 새어나오는 신비로운 햇살까지 경험하고 나면 이곳 전체가 거대한 하나의 정원이었음을 실감하게 될 것이다. 다산은 이 길을 걸으며 무슨 생각을 했을까? 한 걸음 한 걸음 옮길 때마다 다산의 숨결을 고스란히 느낄 수 있다. 길을 따라 뚜벅뚜벅 걷다 보면 꽃과 나무들이 길동무가 되어 주고 산새들이 길을 안내한다.

정원은 한곳에 꽃과 나무, 연못, 누정 등을 조성하여 감상하는 것이 보통이

* 정민(2017), 삶을 바꾼 만남, pp.331-333, 문학동네.
** 강진신문 교육문화면, 2007.4.13.

바다 위의 달을 보는 누정이라는 뜻의 해월루는 다산초당에서 백련사 가는 길에
2007년 강진군에서 조성한 중간쉼터이자 강진만 조망공간이다.

다산초당에서 백련사로 가는 오솔길은 사색하기 좋은 한적한 정원 산책로다.

다. 그래서 그 정원이 어떤 주제이고 정원 주인의 성향은 또 어떠한지를 대략 가늠하게 된다. 하지만 다산정원은 좀 다르다. 다산초당에서 백련사에 이르는 오솔길을 걸으며 천천히 자연을 느껴 봐야 비로소 정원의 실체를 알 수 있다. 다산은 한곳에 정원의 요소를 다 모아 둔 것이 아니라 자연을 최대한 정원의 요소로 끌어들인 것이다. 다산은 그 풍경들을 감상할 수 있는 멋진 오솔길을 찾아낸 것이다. 그리고 제자들, 지인들과 더불어 그저 터벅터벅 그 길을 걸었을 뿐이다. 그는 자연을 이해하고 자연의 아름다움을 활용할 줄 아는 노련한 정원사였다.

다산의 애제자 황상과 삼근계, 그리고 일속산방

황상은 많은 제자들 가운데 다산의 가르침을 가장 잘 이해하고 실천했던 다산이 가장 아끼는 제자였다. 그리고 삼근계三勤戒는 다산학문의 기본정신인 근면의 중요성을 누차 강조한 내용이며, 일속산방一粟山房은 다산의 가르침을 몸소 실천한 제자 황상의 됨됨이를 보여주는 삶의 표상 같은 것이다.

　다산이 강진에 처음 유배를 왔을 때 딱히 갈 곳 없던 자신을 흔쾌히 맞이해 준 주막집(四宜齋, 사의재) 여주인의 간청에 따라 인근 젊은이들을 불러 모아 가르치기 시작했다. 이때 유독 눈길을 끈 한 소년이 있었는데 그가 바로 황상이다. 일주일 후 다산은 황상에게 글 한 편을 써 주면서 문사에 정진할 것을 권면하였다. 그는 수줍은 기색으로 머뭇거리며 이렇게 말했다. "저는 세 가지 부족한 점이 있습니다. 첫째는 너무 둔하고, 둘째는 앞뒤가 막혔으며, 셋째는 답답합니다." 이에 다산은 "학문 좀 한다는 자들에게 세 가지 큰 병통이 있는데 너에게는 해당하는 것이 하나도 없구나. 첫째 외우기를 빨리 하면 재주만 믿고 공부를 소홀히 하는 폐단이 있고, 둘째 글재주가 좋은 사람은 속도는 빠르지만 글이 부실하게 되는 폐해가 있으며, 셋째 이해가 빠른 사람은 한 번 깨친 것을 대충 넘기고 곱씹지 않으니 깊이가 없는 경향이 있다"라고 대답했다. 이어 "둔한데도 계속 열심히 하면 지혜가 쌓이고, 막혔다가 뚫리면 그 흐름이 순탄해지며, 답답한데도 꾸준히 하면 반짝반짝 빛나게 된다"고 말하며 그를 격려했다. '둔한 것이나 막힌 것이나 답답한 것이나 근면하고, 근면하며, 근면하면 모두 풀린다'는 것이 다산의 삼근계三勤戒 가르침이다. 황상은 열다섯 살에 이 말씀을 들었는데 60년이 지난 일흔다섯에 〈임술기壬戌記〉라는 글을 통해 되새긴다.* 일생 동안 얼마나 스승의 말씀을 가슴에 새기고 살았는지 잘 말해 주고 있다.

한번은 황상이 다산에게 은거하는 자의 거처는 어떠해야 하는지에 대해 물어본 적이 있다. 그러자 다산이 명나라 말기 초야에 묻혀 살던 황주성의 〈장취원기將就園記〉에 대해 황상에게 들려주자 황상이 자신도 그렇게 살고 싶다고 스승에게 아뢰었다. 장취라는 말은 《시경》 방낙**에 나오는 '나는 나아가 그분의 도를 이어 크게 빛내리라'라는 뜻의 "장여취지 계유판환將予就之 繼猶判渙"에서 따온 말이다. 장취원은 앞으로 살고 싶지만 현실적으로 이룰 수 없는 희망의 정원을 뜻한다. 이때도 다산은 제자를 위해 긴 글을 써서 자신이 생각하는 이상적인 은자의 정원에 대해 들려주었다. 〈제황상유인첩題黃裳幽人帖〉이 바로 그것이다. "땅을 고를 때는 산수가 아름다운 곳이어야 한다. 하지만 강과 산이 어우러진 곳은 시내와 산이 어우러진 곳보다 못하다. 골짜기 입구에는 깎아지른 절벽에 기우뚱한 바위가 있어야겠지. 조금 들어가면 시계가 환하게 열리면서 눈을 즐겁게 해 주어야 한다. 이런 곳이라야 복지福地다. …"*** 황상은 스승의 말씀을 마음

---

* 정민(2017), 삶을 바꾼 만남, pp.34-38, 문학동네.
** 김학주(2010), 새로 옮긴 詩經, 제4편 송(頌), pp.879-880, 명문당.
*** 정민(2017), 삶을 바꾼 만남, p.280, 문학동네.

저수지 건너편이 일속산방 터로 추정되는 곳인데 그림 속 일속산방과 닮았다.
위는 허련의 〈일속산방도〉(1853, 개인소장).

에 새기고 있다가 늘그막에 강진군 대구면 천개산 자락 백적동에 비로소 자신만의 거처를 마련하게 되었다. 만년에 스승의 가르침에 걸맞게 '일속산방'이라고 명명하였다. 일속산방은 '좁쌀 한 톨 만한 오두막'이라는 뜻이다. 그는 일속산방에 기거하며 부패한 사회를 고발하는 다산 시풍을 계승하며《치원유고卮園遺稿》라는 문집을 남겼다.

다산은 가끔 일속산방을 찾아가 황상이 지은 조밥에 아욱국을 먹고 시를 쓰며 담소를 나누었다고 전해진다. 일속산방은 다산이 황상에게 써 준〈제황상유인첩〉, 즉 장취원기의 취지를 그대로 살린 별서정원이다. 아쉽게도 당시 일속산방의 풍경을 볼 수는 없지만 다행히 소치 허련의〈일속산방도一粟山房圖〉에 고스란히 녹아 있다. 일속산방은 스승의 가르침을 몸소 실천한 황상의 곧은 선비정신은 물론이고 마땅히 지향해야 할 삶의 자세가 무엇인지 함축적으로 말해 주고 있다.

열여덟,
문인들이 극찬한
비밀의 정원

강진 백운동 정원

월출산이 품은 정원, 백운동정원

강진군 성전면 월출산 자락에 조선시대 때 만들어진 정원이 있다. 한 번쯤 들어 봤거나 아예 처음 듣는 사람도 적지 않을 것이다. 월출산이 워낙 빼어난 경관을 자랑하지만 더욱 자랑스러운 것은 비밀스런 오래된 정원을 의젓하게 품고 있다는 점이다. 이름 하여 백운동정원이다.

이 정원은 17세기 중엽(추정) 처사공 이담로^{1627-?}에 의해 조성된 별서정원이다. 그는 서주공 이빈의 아들로서 호를 백운동은白雲洞隱이라고 할 만큼 은거의 삶을 즐겼던 것으로 보인다. 백운동에 대한 기록은 100년 앞서 광해군 때 인물인 해암 김응정의《해암문집》에 '제정선대' 2수가 기록되어 있는데 "바윗가 물에서 발을 씻고서濯足巖邊水 … 물외에서 거닐며 소요하는 곳物外逍遙處"*이라고 언급되어 있어 당시 백운동은 정원이라기보다는 경관이 빼어난 일종의 소풍지로 유명했던 것 같다. 이후 담로가 이곳을 별서정원으로 삼았는데 본격적으로 정원을 가꾸기 시작한 것은 만년에 둘째 손자 이언길을 데리고 들어와 살면서부터이고 지금까지 12대에 걸쳐 지켜오고 있다. 이와 관련하여 약간의 설명이 필요하다. 18세기 초 호남기행을 시문으로 엮은 이하곤의《남유록》과《남행집》에는 백운동정원을 이언렬의 별장으로 소개하고 있다. 사실 이언렬은 정원의 주인 이담로의 장손이다. 그는 부친의 뜻대로 과거시험에 몰두했는데 마침내 1713년 생원시에 급제하여 이듬해 문과에 올라 승문원박사를 지내게 된다. 그래서 손자인 이언길과 함께 백운동정원으로 들어오게 되었다고 한다. 그런데 1719년 급작스레 병환으로 세상을 떠나게 되었고 이담로가 손자와 더불어 20여 년간 가꾸어 온 별서정원은 결국 이언길에게 상속되었다. 당시 백운동정원

---

* 정민(2015), 강진 백운동 별서정원, pp.44-48, ㈜글항아리.

백운동정원 정선대에서 바라본 제1경 월출산 옥판봉

을 감상하고 남긴 이하언의 시가 있는데 정원이 어떤 상태이었는지 짐작할 수
있다.

> 백운동 입구에 말 매어 놓고(駐馬白雲洞)
>
> 문 안에 들어가 보니 소나무만 뜰에 빽빽 하네(入門松滿庭)
>
> 꽃도 피고 눈 덮인 나무도 그대로 남아 있건만(花開餘雪樹)
>
> 인걸은 가고 숲속에 정자만 덩그러니 남았네(人去獨林亭)
>
> 굽이돌게 만든 물길은 어느 해에 폐허가 되었는가(曲水何年廢)
>
> 단지 우뚝 솟은 대나무만 제멋대로 푸르러(修篁只自青)
>
> 고단(古壇)에 찾아와서 지팡이 짚고 서니(古壇來拄杖)
>
> 그윽한 심회가 다시 착잡하기만 하네(幽意更冷冷)

백운동정원은 물과 나무, 꽃, 그리고 차경과 조망을 위한 주변 풍경 등이 잘
어우러져 있다. 풍경의 완성도를 감안할 때 어느 유명 전통정원과 비교해도 손
색이 없다. 월출산 비경, 거기서 흐르는 계곡과 그 물을 이용한 연못, 그리고 주
변의 대숲과 동백숲길 등이 절묘하게 조화를 이루며 소담스러운 정원의 모습
을 갖추고 있다. 그래서 호사가들은 소쇄원, 부용동정원과 더불어 조선시대 3
대 별서정원으로 부르기도 한다.

백운동 별서정원이 관심을 모은 것은 수많은 문사들과 유배객들이 정원을 다
녀갔고, 또 다녀간 사람마다 이구동성으로 정원 풍경에 대해 극찬했기 때문이
다. 다행히 그때 그들이 노래했던 시들이 고스란히 보존되어 지금 우리가 접할
수 있다는 점도 흥미를 더해 준다. 이 시기에 등장한 백운동 제영시題詠詩를 살
펴보면 먼저 17세기 후반 이담로에서 이언길로 이어지는 시기에 김창흡, 김창
집 형제와 신명규와 임영 등이 지은 〈백운동팔영〉이 있다. 〈백운동팔영〉에 등

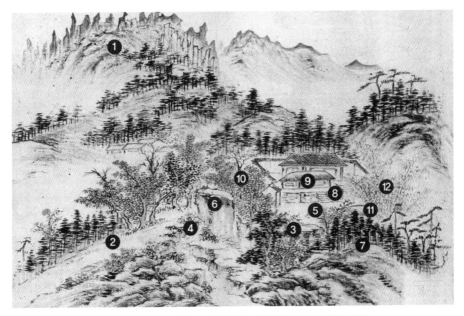

백운동정원 십이경을 표시해 놓은 〈백운동도〉(강진군 제공)
① 옥판봉, ② 산다경, ③ 백매오, ④ 홍옥폭, ⑤ 유상곡수, ⑥ 창하벽,
⑦ 정유강, ⑧ 모란체, ⑨ 취미선방, ⑩ 풍단, ⑪ 정선대, ⑫ 운당원

장한 특정 경관에 대해 여러 사람이 각자의 시선과 감성으로 풍경을 노래했다. 이후 18세기 전반 송익휘의 〈백운동십영〉이 있다. 아울러 더욱 흥미를 배가시킨 이가 있었으니 바로 다산 정약용이다. 다산은 19세기 전반에 이곳을 방문한 후 〈백운동십이경〉 연작시를 지었다. 이후 제자인 황상과 이시헌이 스승의 시에 화답하면서 12경시 계열의 작품이 잇따라 창작되었다. 이시헌의 경우 다시 2경을 추가해 14경을 노래하기도 했다.

초기의 팔영시는 이담로가 쓴 〈백운동명설〉, 〈백운동유서기〉, 〈백운동관음물〉 등의 글에서 언급된 백운동의 여덟 가지 경물, 요컨대 연蓮, 매梅, 국菊, 송松,

죽竹, 난蘭, 학鶴, 금琴을 차례로 노래한 시를 말한다.* 당시의 시들은 앞에서 제 시된 여덟 가지의 경관요소에 국한하여 시를 읊고 있다. 이는 현장성에 근거한 사실적 감상을 노래하기보다는 지나치게 풍경을 관념적으로 해석한 측면이 없 지 않다.

거기에 비하면 다산 정약용의 〈백운동십이경〉은 정원의 근간을 형성하는 실 제 경관에 주목했다는 점이 더욱 친근감을 주고 있다. 1801년 강진으로 유배 온 정약용은 18년간 고을에 머물면서 탁월한 학문적 성과를 이뤘고 제자양성에도 심혈을 기울였다. 그중에서 빼놓을 수 없는 것이 〈백운동십이경〉과 《백운첩》 이다. 1812년 다산은 제자들과 함께 월출산에 놀러갔다가 내려오던 길에 백운 동정원을 접하고 하루 유숙했는데 집으로 돌아와서도 수려하고 정감 있는 백 운동 풍경이 좀처럼 잊히지 않아 시를 지어 친필로 남겼는데 그것이 《백운첩》 이다. 여기에 실린 〈백운동도〉와 〈다산도〉는 다산의 요청으로 그의 제자 초의 선사가 그린 것이다. 이 《백운첩》은 오늘날 백운동 별서를 복원하는 데 있어서 중요한 가이드라인이 되고 있다.

백운동정원은 문화재와 경관적 가치를 인정받아 2019년 3월 명승 제115호로 지정되었다. 남도 지역 또 하나의 보물 백운동정원을 감상할 마음의 준비는 되 셨습니까?

백운동정원과 차 이야기

정원과 차茶는 떼려야 뗄 수 없는 관계다. 여유롭게 풍경을 감상하며 차 한 잔

---

* 정민(2015), 강진 백운동 별서정원, pp.154-226, ㈜글항아리.

마시는 일, 이처럼 호사스런 풍경이 또 있을까. 아예 정원이름을 다정茶庭이라고 짓는 경우도 허다하다. 백운동정원은 강진의 차문화와 깊은 관련이 있다. 다산이 백운동십이경 가운데 하나로 꼽은 운당원의 대숲, 그곳에 숨겨진 보물이 있었으니 바로 야생 차나무다.

다산은 유배에서 풀려난 후 당시 백운동 주인이었던 제자 이시헌에게 떡차 만드는 법을 일러 주며 백운동 대숲에서 채취한 차를 주로 마셨다고 전해진다. 이를 계기로 이시헌도 차에 대해 더욱 관심을 갖게 되었고, 이후 이덕리의 〈동다기東茶記〉가 포함된 《강심江心》이란 문집을 필사해 세상에 알리는 데 크게 기여하기도 했다. 이후 일제 강점기에는 백운동 조영자인 이담로의 10세손인 이

백운동정원 주변 월출산 자락에 펼쳐진 녹차밭 풍경

한영이 〈백운옥판차〉를 만들어 대를 이었다.* 다산은 21세 때인 1782년 봄에 지은 〈춘일체천잡시〉에서 차를 노래했고, 또 20대에 지은 〈미천가〉에서는 약용으로 용단차를 마신 일을 기록하였다. 다산은 강진에 유배 오기 전부터 차를 즐겼던 것으로 보이며 강진에 와서 아암 혜장과 초의선사에게 제다법을 가르쳐 주었다.** 그 이후로도 스님들과 제자들에게 제다법을 전수함으로써 강진 차문화 보급에 크게 기여한 것으로 알려져 있다. 지금 강진다원 초입부에 이한영 생가와 후손이 운영하는 찻집이 있어 손수 만든 차를 맛볼 수 있다.

소상팔경, 그리고 풍경 읽기

조선시대에 팔경문화가 처음 도입되었는데 중국의 유명한 자연경승지 소상팔경으로부터 유래한다. 이곳은 양자강 중류 소강瀟江과 상강湘江이 합류하는 곳으로 주위 풍경이 절경이라 이를 예찬하는 시와 노래가 많이 지어졌다. 소瀟는 샤오수이강瀟水, 상湘은 샹수이강湘水을 말한다. 송적은 그림을 잘 그렸는데, 특히 평원산수에 뛰어났다고 한다. 그의 작품인 〈산시청람山市靑嵐〉, 〈어촌석조漁村夕照〉, 〈소상야우瀟湘夜雨〉, 〈원포귀범遠浦歸帆〉, 〈연사만종烟寺晩鐘〉, 〈동정추월洞庭秋月〉, 〈평사낙안平沙落雁〉, 〈강천모설江天暮雪〉이 바로 소상팔경이다. 1080년에 작성된 미불의 《소상팔경도시병서瀟湘八景圖詩幷書》에 의하면, 송적이 〈소상팔경도〉를 그리기 이전에 이미 이영구, 일명 이상에 의해 〈소상팔경도〉가 그려졌다는 사실이 중국 고문서인 《호남통지湖南通志》에 수록되어 있는 것으로 전해진다.***

---

* 　정민(2015), 강진 백운동 별서정원, pp.272-274, (주)글항아리.
** 　정민(2015), 강진 백운동 별서정원, p.267, (주)글항아리.
*** 전경원(2010), 동아시아의 시와 그림 소상팔경, p.57, 건국대학교 출판부.

백운동정원 제5경으로 꼽힌 유상곡수

백운동정원 제11경으로 꼽힌 정선대

금수강산이라 일컬어지는 우리나라에서도 이와 같은 자연경관의 평가와 지정이 시작되면서 평안도를 대표하는 관서팔경, 강원도를 대표하는 관동팔경이 등장하고, 각 지역마다 이에 상응하는 명소의 지정이 잇달았다.

남도의 경우도 예외는 아니다. 목포팔경, 강진금릉팔경, 구례십경, 화순능주팔경 등 지역마다 대표적인 명승지를 선정하여 홍보하고 있다. 자연을 막연하게 즐기는 것이 아니라 특징을 잡아내고 그것을 다시 쪼개어 의미 부여하며 감상하고자 했던 것이다. 마치 극이나 영화에서처럼 경景은 각각의 장면Scene이 되어 개별적 의미를 가지면서도 전체로 이어지게 하는 역할을 한다. 무엇보다 풍경감상이 단순히 시각적인 것에 머문 것이 아니라 새소리, 바람소리, 폭포소리 등 청각적 요소도 포함하고 있고, 마음속에 내재된 감성까지 사람의 감각을 총동원해서 풍경을 해석하려 했다는 점이 주목하게 한다. 게다가 그곳에 늘 존재하는 것들만 가치를 인정하는 것이 아니라 잠시 있다 사라지는 것일지라도 풍경을 아름답게 하는 훌륭한 요소로 보았다. 어쩌면 지나치게 시각적인 것에 의존하고 늘 존재하는 것에만 집착하는 현대인에게 당시의 풍경감상법은 좋은 메시지가 아닌가 싶다. 팔경문화는 풍경에 감동한 식자識者들이 시로 읊고 그림을 그리면서 더욱 보편화되었는데, 일반인에게 풍경감상법을 알기 쉽게 일러 주는 의미가 있고 아울러 지역이나 도시를 어떻게 가꾸어 가야 할지 방향을 제시해 주는 일종의 지침서 역할을 하기도 한다. 반면, 우려스러운 점은 8개 혹은 10개의 프레임을 전제로 풍경을 해석함으로 인해 자칫 고정관념을 가지고 풍경을 대할 수 있다는 점이다. 그것이 오히려 아름다운 풍경을 자유롭게 발견하는 재미를 빼앗을 수 있기 때문이다. 어떤 의미에서 풍경은 시간, 계절, 시점에 따라 한 번도 같은 것을 찾을 수 없기 때문에 흥미로운지도 모른다. 감상자와 풍경은 항상 상대적이다. 날씨와 온도만 달라져도 풍경은 다르게 인식된다. 또한 풍경을 보는 시점이 조금만 달라져도 새로운 풍경으로 다가온다. 그뿐인가 감상자의 마음이 어떤 상태인가에 따라 풍경은 또 달라질 수 있다. 새가 지저귀는 것을 두고 어떤 이는 새가 노래한다고 하고, 또 어떤 이는 새가 운다고 한다.

열아홉,
남도의 젖줄과 함께
시간을 기억하다

나주 영모정

유유히 흐르는 영산강을 바라보고 있는 영모정

영산강 주변에는 꽤 많은 정자들이 영산강을 향하여 들어서 있다. 호남문화연구소가 1985년부터 1991년까지 7년에 걸쳐 조사한 기록에 의하면 전남의 누정은 모두 1687개소에 이른다. 그 가운데 638개소가 조사 당시까지 현존하고 있었고 나머지 1049개소는 현존하지 않은 것으로 파악되었다. 안타깝게도 사라져 버린 누정이 현존하는 누정보다 훨씬 많다는 점이다. 영산강이 관통하고 있는 나주의 경우만 해도 현존 누정이 59개소이고 부존 누정이 106개소에 달한다.* 그 가운데 임진왜란 이전에 조성된 현존 누정으로 영모정永慕亭을 비롯하여 쌍계정, 만호정, 석관정, 장춘정, 양벽정, 탁사정 등이 있다. 이 가운데 누정 입지나 주변 숲, 영산강 조망 경관 등이 양호한 영모정은 영산강을 대표하는 누정 가운데 하나다.

영모정은 1520년 귀래정 임붕歸來亭 林鵬, 1486-1553이 건립한 정자로 나주 회진출신의 명문장가 백호 임제가 글을 배우고 시작을 즐기던 유서 깊은 장소다. 임제는 29세 때 문과에 급제하여 예조정랑 등을 지냈으며 당시의 혼란스런 정국을 비판하면서도 개인적으로 예술적이고 호방한 기질을 유감없이 발휘하며 39세라는 짧은 생애를 살다간 조선의 탁월한 문장가이자 사상가로 손꼽힌다. 그의 거침없는 성품과 낭만적 감성은 그가 남긴 수많은 일화와 문학작품에 고스란히 녹아 있다. 특히 그의 작품 중에 황진이의 죽음을 애도하는 시는 단연 백미라고 할 수 있다.

1583년 평안도도사로 발령을 받아 가는 길에 송도 황진이의 무덤을 찾아가 시 한 수를 읊었다.

---

* 김신중, 전남의 누정과 그 연구 동향, 국학연구론총 제8집, p.245.

청초(青草) 우거진 골에 자난다 누엇난다
홍안(紅顔)은 어디 두고 백골만 뭇쳐난다
잔(盞) 잡아 권하리 업스니 그를 슬허하노라

—《청구영언靑丘永言》 수록*

황진이가 임제보다 훨씬 나이가 많았다는 점을 감안하면 여인에 대한 애정표현이라기보다는 그의 반봉건적 성향과 남녀평등사상을 드러낸 것으로 평가할 수 있다. 그의 사상을 짐작할 수 있는 대목이 또 있는데 영모정 뜰 비석에 새겨진 그의 유언으로 전해지는 〈물곡사勿哭辭〉다.

주위의 모든 나라가 황제라 일컫는데
유독 우리나라만 중국에 속박되어 있으니
내가 살아 무엇을 할 것이며 내가 죽은들 무슨 한이 있으랴
곡하지 마라

—《나주임씨세승羅州林氏世乘》 수록**

임제는 기존의 사대부 인물들과는 달리 체면과 권위 따위는 아랑곳하지 않았고 천한 신분이라도 자신이 본받을 만하다고 여기면 존경을 표하기도 하고 정치적인 소신도 마음먹은 대로 피력했던 것으로 전해진다. 이익의《성호사설星湖僿說》에 의하면 "백호 선생은 기질이 호방하여 구속 받음이 없었다. 병들어 죽음을 맞이하게 되자 아들들이 슬피 부르짖음에 물곡사를 언급하셨다"***고 기록

---

* 황충기 해제·주석, 육당본 청구영언, p.90, 푸른사상.
** 백호문학관 홈페이지(https://blog.naver.com/beakhomoon).
*** 이익 성호사설 9권 선희학(善戲謔), 한국고전종합DB(http://db.itkc.or.kr).

바람에 흔들리는 정원 노거수 가지들이 마치 수어를 하듯
영모정을 향해 말을 건네는 풍경이 따뜻하게 느껴진다.

되어 있다.

《성호사설》 시 〈일본도가日本刀歌〉에 그의 기개를 예찬한 대목이 나온다. 이는 성호가 미수 허목 집안에 전해지던 일본도를 두고 지은 시다. 여기서 미수는 백호의 외손자다. 백호가 일본 상인에게 고검을 한 자루 구입했는데, 나중에 이것이 허씨 집안의 물건이 되었다. 칼에 빗대어 임제의 기개를 칭찬한 내용이다.

천하의 남아로다 임백호여(天下男子林白湖)

포부가 웅대하여 소국에 용납되지 못하였다네(心雄不堪容小國)*

또 한말의 유학자 황현의 시문집인《매천집》제4권 시 〈임인고壬寅稿〉에도 임제에 관해 기술되어 있다. 그의 짧은 생애를 아쉬워하며 읊은 시다. 한결같이 그의 호방함을 노래하고 있다.

회진촌에 있는 임백호의 옛 거처에서 감회가 있어 읊다(會津村林白湖故居感賦)
영웅이여, 구천에서 한스러워 마소서(九原莫抱英雄恨)**

그의 진면모는 〈화사花史〉라는 작품을 통해 확인할 수 있다. 화사는 식물세계를 의인화하여 창작한 한문소설이다. 철따라 피는 꽃, 나무, 풀들의 세계를 나라와 백성과 신하로 삼아서 이야기를 전개한다. 이를 통해 인간세상 흥망성쇠의 무상함을 토로하고 꽃의 성실성과 정직성을 예찬한다.*** 어떻게 보면 세상의 이치를 정원이라는 프레임 속에서 비유적으로 설명하는 풍자소설이라고 할 수 있다. 그의 자연에 대한 관찰력과 세상에 대한 비판의식이 돋보이는 대목이다.

영모정은 초기에는 임붕의 호를 따서 '귀래정'이라 불렀으나 1555년에 임붕의 두 아들 임복과 임진이 아버지를 추모하기 위해 재건하면서 '영모정'으로 이름을 바꾸었다. '영모'는 '길이길이 뜻을 기리다'는 뜻으로 조상에 대한 예의와 존경을 담아 그 뜻을 이어가겠다는 의지의 표현이다. 정자 바로 아래에는 영산강이 유유히 흐르고 있고 원경으로는 맞은편의 가야산(189m)이 조망된다. 가야

---

* 이익, 성호사설 시 일본도가, 한국고전종합DB(http://db.itkc.or.kr).
** 황현, 매천집 제4권 시 임인고, 한국고전종합DB(http://db.itkc.or.kr).
*** 소재영(2008), 林悌小說의 문학사적 위상, 국학연구론총 제2집, pp.7-8, 택민국학연구원.

산은 인근 주민들이 산책공간처럼 즐겨 찾는 곳인데 여기에 팔각정과 앙암정이 있다. 앙암정 아래에는 백제시대의 애절한 사랑 이야기가 전해지는 유서 깊은 바위가 있다. 영산강을 사이에 두고 앙암바위 인근에는 진부촌이 있었고 맞은편에 택촌(현재 삼영동)이 있었다. 하루는 택촌에 사는 아랑사라는 청년어부가 고기잡이를 하고 있었는데, 건너편에서 여인의 흐느끼는 소리가 들려 다가가 보니 진부촌에 사는 아비사라는 처녀였다. 그녀는 몸져누워 있는 홀아버지에게 물고기를 잡수시게 하고 싶어 강가에 나왔으나, 좀처럼 물고기가 잡히지 않자 막막하여 울고 있었던 것이다. 이 사실을 알게 된 아랑사는 그녀에게 물고기를 잡아 주며 남자다움을 과시했다. 이것이 인연이 된 두 사람은 밤마다 앙암바위에서 만나 사랑을 키워갔는데 이를 시기한 인근마을 젊은이들이 아랑사를 꼬여 앙암바위로 유인해 바위 아래로 떨어뜨려 죽게 하였다. 그 후로도 아비사는 아랑사를 그리워하며 앙암바위를 찾곤 했는데 어느 날 마을 젊은이들이 가 보니 강에서 바위를 타고 올라온 커다란 구렁이와 아비사가 사랑을 나누고 있었던 것이다. 마을 젊은이들은 이를 나쁜 징조라 여겨 그들을 바위 아래로 굴려 버렸다. 그런데 이상하게도 그 후부터 진부촌 젊은이들이 시름시름 앓다 하나둘씩 죽어 갔고, 두 마리의 얽힌 구렁이가 밤마다 진부촌에 나타났다고 한다. 이에 마을 노인들이 예삿일이 아니다 싶어 마을회의를 소집해 음력 8월에 씻김굿을 해 그들의 넋을 위로하게 되었고 그 후로는 젊은이들이 죽어가는 일도 구렁이가 나타나는 일도 없었다고 한다. 어쨌든 이런 전설이 탄생한 배경을 정확히 알 수는 없지만, 영산강과 주변의 바위, 나무 등에 서린 유서 깊은 이야기들을 접하면서 영산강이 지역 주민들에게 어떤 의미를 지니고 있는지 짐작할 수 있다.

이런 영산강 풍경을 오랜 시간 동안 묵묵히 지켜보고 있는 영모정은 현재 후손들이 조상의 뜻을 기리는 재실로 활용하고 있어 문중사람들에게는 공동체정원으로서 기능을 하고 있는 셈이다. 게다가 인근 주민들에게는 마을정원으로, 어린이들에게는 자연놀이터로서 역할을 하고 있다. 또 지나가는 길손들이 잠시 차를 멈춰 세우고 한숨 돌리는 쉼터로서도 사랑받고 있는 곳이다. 영모정은 영산강과 가야산, 그리고 주변 전원풍경을 정원 삼아 지은 자연풍경식 정자다. 담장도 없고 대문도 따로 없다. 마치 동네에서 흔히 볼 수 있는 마을 숲처럼 자연스런 풍경을 만나게 된다. 사실 겨울철에는 꽃도 구경할 수 없고 단풍도 볼 수 없어서 아무리 아름다운 정원도 뭔가 허전하기 마련이다. 그런데 영모정의 초겨울 풍경은 잘 자란 노거수와 아직 푸릇푸릇한 지피식물 덕분인지 그 실루엣마저도 정겹게 느껴진다. 무엇보다 영산강이 있어 영모정이 빛을 발하고 영모정이 있어 영산강의 존재감이 더욱 크게 느껴진다.

남도의 대하소설, 영산강

영산강은 영모정 바로 앞을 가로질러 흐르고 있다. 심지어 귀 기울이면 찰랑이는 물결소리까지 들릴 정도로 지척에 위치해 있다. 지금은 여느 강 풍경과 크게 다르지 않게 느껴지지만 예전에는 분명 달랐을 것이다. 적지 않은 배들이 왕래했을 것이고 또 주민들의 수렵 장면들도 일상적으로 접할 수 있었을 것이다. 흔히 영산강을 '남도의 젖줄'이라고 한다. 그도 그럴 것이 풍요로운 남도 땅의 생명줄 역할을 톡톡히 해 왔기 때문이다.

'전라도'라는 지역이름이 지금으로부터 천 년 전인 1018년(고려현종9년) 전주와 나주의 첫 글자를 따서 명명한 것은 누구나 잘 아는 사실이다. 조선시대 때 지금의 광역지자체 격인 나주목이 설치되었던 나주는 영산강과 따로 떼어 말하기 어려운 관계다. 우리나라 먹거리를 책임졌던 곡창기능은 말할 것도 없고 마

남도 생명의 젖줄이자 역사적 대서사시라고 할 수 있는 영산강에
영모정은 한없는 애정의 시선을 보내고 있다.

한역사를 대변하는 반남고분, 영산강의 대표적인 나루터 영산포와 홍어 이야기, 장어를 생각나게 하는 구진포 등을 품고 있는 영산강은 한 편의 대하소설 그 자체라고 할 수 있다. 사람도 바뀌고 자연도 변했지만 영산강은 남도역사를 속속들이 기억하고 있을 것이다.

담양 용소에서 시작한 작은 물줄기는 광주광역시를 거쳐 장성 황룡강과 합류하여 다시 나주, 함평, 무안, 영암, 목포를 지나 서해로 흘러들어간다. 영산강의 옛 이름은 금천, 금강이었고 나루터는 금강진이라고 불렀다. 고려 때 신안군 흑산면에 속한 영산도 사람들이 왜구를 피해 이곳으로 옮겨온 것이 유래가 되어 영산포라는 지명이 생겼으며 그때 이주하는 과정에서 발효식품의 대명사인 홍어가 탄생한 것이다. 조선 초 영산포가 크게 번창하자 강 이름도 영산강으로 바뀌게 되었다. 1976년에 나주댐·담양댐·장성댐이 완공됨에 따라 하상변화와 유량감소 등으로 하류수위가 낮아져 버렸다. 또 1981년 12월에 목포시 옥암동과 영암군 삼호면 나불리 사이에 영산강 하구둑이 완공되는 바람에 물은 해수에서 담수로 바뀌게 되었다. 예로부터 수운이 발달해 목포와 영산포 사이를 많은 배들이 왕래했으나 1977년 10월 마지막 배를 끝으로 수운기능이 완전히 중단되었다고 한다. 게다가 4대강사업 일환으로 2012년 5월에 준공한 승촌보와 죽산보는 물의 흐름과 물고기 왕래를 더욱 제한하게 되었다. 영산나루터를 비롯한 많은 나루터들은 기능을 상실하게 되었고 활력 넘치던 영산강은 침묵의 강으로 변해 버렸다.

사실 동서고금을 막론하고 물은 생명을 상징한다. 성서에도 '시냇가에 심은 나무의 형통함(시편1:3)'을 이야기하면서 그리스도를 물에 비유하며 생명의 중요성을 강조하였다. 물은 고대 그리스 철학자들에게도 관심의 대상이었다. 헤라클레이토스는 물이 언제나 역동적으로 흐르기 때문에 "어느 누구도 같은 물

에 두 번 발을 담글 수 없다'"*고 말했다. 물은 반드시 흐르게 해야 함을 역설적
으로 강조하는 말이다. 고대중국이나 조선시대에도 물은 인간의 영적, 육체적,
감성적 측면에 미치는 영향이 크다는 점에서 풍수학의 근간이 되기도 하였다.
우리가 영산강을 이용만 했지 영산강을 얼마나 아껴 왔는지 되돌아보게 된다.

영산강의 속내를 알리고 싶었던 것일까. 많은 사람들의 심경을 대변하며 만
들어진 대중가요가 있다. 바로 정진성이 작사작곡한 '영산강아 말해다오'다.

굽이굽이 뱃길 따라 님 계신 곳 왔건만은
님은 가고 물새들만 나를 반겨 우는구나
님 계신 곳 어디메냐 님 보낸 곳 어디메냐
말을 해다오 말을 해다오
영산강아 말을 해다오

하지만 여전히 영산강은 말이 없다.

*   나다니엘 엘트먼 지음, 황수연 옮김(2003), 물의 신화, p.20, 해바라기.

스물,
매일 거닐어도 정겹다

보성 열화정

시름을 걷어가는 열화정

우리 누정들은 마치 숨겨진 보물을 찾아가는 느낌을 갖게 하는 그런 절묘한 위치에 자리 잡고 있는 경우가 많다. 그만큼 누정은 위치가 중요하다는 얘기인데, 열화정도 예외는 아니다. 마을 가장 깊숙한 쪽 가장자리에 위치해 있는 열화정은 마치 여성들이 기거하는 안채를 들여다보는 느낌마저 들 정도로 다소곳한 표정을 하고 있다.

열화정悅話亭을 찾아가는 강골마을의 골목길은 지루할 틈이 없다. 세월의 흔적을 느끼게 하는 돌담의 푸른 이끼와 자유분방하게 타고 오르는 마삭줄, 그리고 마당에서 토종닭이 뛰어노는 모습까지 생생하게 마을풍경을 감상하며 걸을 수 있다. 그 뿐만이 아니다. 대숲에서 지저귀는 새소리와 잔잔하게 흐르는 개울물 소리는 일상의 시름과 경계심을 거두어 버리기에 충분하다. 골목길 옆을 흐르는 실개천을 따라 걷다 보면 야트막한 돌계단과 돌담장이 눈에 들어오고 "일섭문日涉門"이라고 쓰인 편액이 걸린 정자의 대문이 모습을 드러낸다. 일섭이란, 도연명의 〈귀거래사〉에 나오는 "원일섭이성취園日涉以成趣"라는 구절에서 따온 말로 '정원은 매일 거닐어도 풍취가 있다'라는 뜻이다.* 대문은 당연히 출입을 위한 곳이지만 이곳의 대문은 정원을 들어서기 전 왠지 마음가짐을 새롭게 해야 할 것 같은 겸허한 마음을 갖게 한다.

대문을 들어서는 순간 가장 먼저 정자의 아름다움에 눈길을 빼앗기고 만다. 이어서 마당과 계단, 토방과 누마루의 위계와 질서, 그리고 조화로움에 다시금 감탄하지 않을 수 없다. 조심스럽게 누마루에 오르니 반대로 기와 모자를 쓴 대문과 아담한 연못이 앙상블을 이룬 멋진 풍경이 한눈에 들어온다. 그리고 소

---

* 왕철 이동규 편저, 도연명 귀거래사, p.43, 법문북스.

담스런 담장과 담장 너머 풍경은 정원의 완성도를 높여 주는 차경 역할을 충실히 이행하고 있다. 누마루에 앉아 보니 시와 창이 절로 나올 것만 같다. 거문고를 타고 대금을 불며 풍경과 시절을 노래했을 당시를 잠시 상상해 보니 감회가 새로워진다.

정자와 대문을 살짝 비켜 조성된 아담한 연못과 정원 둘레에 계단식으로 조성된 돌담은 지형을 거스르지 않고 리듬감 있게 둘레를 에워싸고 있다. 원래 조선시대 연못은 대체로 천원지방의 개념에 따라 사각형 연못에 원형 인공 섬을 조성했다. 그러나 열화정 연못은 'ㄱ'자형으로 정자의 'ㄱ'자형 건물과 일체가 된 독특한 디자인이고 연못에는 인공 섬이 없다. 그것이 아쉬운 탓인지 연못 중앙에 작은 석조물이 하나 놓여 있다. 어느 것 하나 놓칠 수 없는 흥미로운 풍경들이다. 게다가 곱게 물든 단풍나무와 은행나무 등이 운치를 더해 주는 가을 풍경은 도저히 눈을 떼지 못하게 한다. 열화정은 주위의 숲을 그대로 살려 아름다운 공간을 연출한 전통적인 우리의 정원 수법을 잘 간직하고 있는 곳으로 입과 귀와 눈을 동시에 열지 않을 수 없게 만들어 버린다.

그런 면에서 열화정이라는 이름과 정원 풍경은 참 잘 어울린다는 생각이 든다. 그 유래를 보면 도연명의 〈귀거래사〉 중 '친척들과 정담을 즐기고, 거문고 타고 글 읽으며 즐기니 시름이 사라지네'라는 뜻의 "열친척지정화悅親戚之情話 낙금서이소우樂琴書以消憂"*에서 '열화'라는 이름을 가져왔다고 한다. 열화정(중요민속자료 제162호, 헌종11년, 1845년)은 이재 이진만怡齋 李鎭晩이 후진양성을 위해 건립한 것으로 1996년 10월 지붕배면, 우측면 번와 보수와 기둥 드잡이 등이 이루어졌고, 2006년에는 전면 해체, 보수를 했다. 열화정은 당시 어지러운 국사와 탐관오리들의 횡포 등으로 나라가 흔들리고 있을 무렵, 이재 선생이 지역

* 왕철 이동규 편저, 도연명 귀거래사, pp.51-52, 법문북스.

금방이라도 갓 쓰고 도포자락 휘날리며 선비가 나타날 듯한
완성도 높은 조선 말기의 별서정원 열화정 풍경.

인재들을 길러냈던 정신수양의 도장이었다. 이후 이진만의 손자인 원암 이방회가 보성에 유배되어 온 후에는 당대의 석학 영재 이건창 등과 학문을 논하는 등 수많은 선비들의 학문수양 장소로 활용된 것으로 전해진다. 어쩌면 열화정은 보성사람들에게 면면히 전해 내려온 '보성정신'의 발원지라고 해도 과언이 아니다.

낯선이에게 선뜻 고향이 돼 주는 강골마을

보성하면 가장 먼저 떠오르는 것이 아마도 녹차와 녹차밭이 아닐까 생각한다. 보성 여기저기에 좋은 곳이 참 많지만 녹차 이미지가 워낙 강렬해서 상대적으로 알려지지 못한 곳들이 꽤 많다. 그 가운데 강골마을은 바쁘고 복잡한 일상을 벗어나 전통미와 자연미, 그리고 한적함을 맛보며 쉼의 의미를 되새겨 보기에 더없이 좋은 장소다.

강골마을은 광주이씨 집성촌으로 황토색 돌담길이 아름다운 마을 안에는 문화재급 명품가옥들이 옹기종기 모여 있다. 현재 이금재(민속자료 제157호) 가옥, 이용욱(민속자료 제157호) 가옥, 이식래(민속자료 제160호) 가옥, 열화정 등 세 채의 가옥과 한 개의 정자가 중요민속자료로 지정되어 있다. 마을 한가운데 자리잡고 있는 이용욱 가옥은 조선시대 양반가옥의 전형을 보여주는 솟을대문과 담장으로 막아 사랑마당이 외부로 드러나지 않도록 한 독특한 구조가 눈길을 끈다. 아늑한 느낌을 주는 이식래 가옥은 집 주위를 둘러싸고 있는 대숲과 사람이 사는 집은 초가지만 농기구와 곡식을 보관하는 광을 기와집으로 지어 이색적이다. 이금재 가옥의 안채는 1900년 전후에 지어졌음에도 여전히 아름다움을 잃지 않고 있고 안채 뒤편에 숨겨진 후원은 여인들의 사생활을 보호하는 세

아낙네들의 수다소리가 들릴 것만 같은 강골마을 공동우물인 일명 '소리샘'.

심한 배려가 엿보인다.

이 마을은 전체가 하나의 정원이라고 할 만큼 여기저기 볼거리가 풍성하다. 그 가운데 마을 앞에 조성된 연못은 압권이다. 이 마을에는 연못이 넷 있는데 열화정 연못을 제외한 3개의 연못은 이금재, 이용욱, 이채원 가옥 앞에 조성되어 있어 독특한 마을경관을 자랑한다. 또 이금재 가옥과 이용욱 가옥 사이에는 '소리샘'이라고 불리는 우물이 하나 있는데 이 우물은 원래 이용구 소유였는데 마을 식수가 귀하다 보니 공동우물로 개방했다는 아름다운 얘기도 전해진다. 그런데 유심히 보면 이용욱 가옥의 사랑마당 쪽으로 우물 담장에 구멍이 뚫려 있는데 그 이유가 참 재미있다. 우물가에 모여든 아낙네들의 수다를 통해 동네 사람들의 소식을 전해 듣기 위함이었다고 한다. 그래서 우물의 이름도 자연스럽게 '소리샘'으로 부르게 되었다. 강골마을에서는 아주 먼 옛날의 흥미로운 이야기와 포근한 고향풍경을 만나볼 수 있다.

시간도 머물러 가는 간이역

강골마을과 열화정을 찾는 사람에게 마치 보너스 같은 명소 하나를 추천하고 싶다. 다름 아닌 강골마을 지척에 있는 득량역이다. 득량이라는 지명의 유래만으로도 얼마나 유서 깊은 곳인지를 미루어 짐작할 수 있다. 명량대첩을 앞둔 이순신 장군이 군량미를 얻었다고 해서 얻을 득得, 양식 량糧을 써서 득량이 되었다고 한다,

득량역은 1930년, 경전선 개통과 함께 운행을 시작했다. 경남 밀양 삼랑진역에서 광주송정역 사이를 잇는 대한민국 남해안 횡단열차다. 개통 당시에는 화물 등을 옮겼으나 인구감소, 산업변화 등으로 점점 역할이 약해져 지금은 여객수송과 득량역-보성역 간 퇴행열차 입환을 주로 하고 있다. 입환은 차량의 분리, 결합, 선로교체 등의 작업을 뜻한다. S-train과 무궁화호가 하루 열 번 왕복하는 간이역으로 매표도 가능하다. 특히 호남과 영남을 연결하는 남도해양관광열차 S-train이 주목을 받고 있다. 'S'는 영문 'Sea'의 이니셜과 곡선 모양의 경전선, 리아스식 해안인 남해안 모양을 형상화해서 고안했다고 한다. 열차의 외관은 한반도 남해안을 지키던 이순신 장군의 거북선을 모티브로 만들어졌고, 운행기차는 다섯 량의 객차로 힐링실, 가족실, 카페실, 커플실, 이벤트실 등으로 다양하게 구성되어 있다. 7,80년대 읍내의 모습을 재현한 '득량역 추억의 거리'

226

1930년 경전선 개통 이래 수많은 사람들의 희로애락이 묻어 있는 득량역이 추억을 소환하고 있다.

는 문화체육관광부에서 추진한 '열차역 문화디자인 프로젝트'의 일환으로 2011
년부터 조성하기 시작했다. 반세기 넘게 영업 중인 이발소, 시골인심 듬뿍 담
은 전통차를 맛볼 수 있는 역전다방, 참새가 재잘거리며 기웃거리는 방앗간 그
리고 득량초등학교와 만화방, 오락실 등이 7080 분위기를 연출하며 진한 향수
를 불러일으킨다.

스물하나,
사람이 떠난다고
정말 저 가겠느냐

영암 회사정

호남 최초의 마을공동체 정원, 회사정

사람들이 거주하는 생활공간에서 다소 떨어진 산속에 위치한 대부분의 누정들은 선비들의 학문수양공간이거나 유배 혹은 귀향한 인사들의 은일공간이나 별서정원으로 활용되었다. 그런 연유로 누정은 아무래도 소수의 사람들만이 이용할 수밖에 없었다. 이에 반해 현실 생활공간에서 마을사람들이 함께했던 공동체문화를 엿볼 수 있는 정자가 있어 눈길을 끈다. 이 정자는 마을의 대소사를 논의하거나 연중 전통문화행사를 치렀던 곳으로 말하자면 마을의 중심광장이자 마을문화센터 역할을 했던 셈이다. 영암군 군서면 서西구림(서호정마을)에 위치한 회사정會社亭은 구림 일대의 대동계 모임장소로 이용하기 위해 1646년에 세워진 정자다.

구림대동계는 1565년경 조행립, 현건, 박성오, 임호, 박규정 등에 의해 시작된 이래 현재까지도 모임이 지속되고 있다. 이후 강학, 또는 손님접대, 경축일 행사 등을 위한 장소로도 사용되었다. 구림대동계는 1565년에서 1580년 사이에 시작된 것으로 추정하고 있으며 오늘날까지도 이어지는 일종의 동계다. 회사정은 한국전쟁으로 전소되어 주춧돌만 남았던 것을 1985년 복원하였다. 정자 주변에는 노둣돌이 보이고 풍기문란, 불효 등으로 마을규약을 어긴 이들을 묶어 놨던 돌도 남아 있다. 전쟁으로 인해 정자에 걸려 있던 편액과 제액들은 모두 소실되었으나 다행히 거기에 실린 글들은 《회사정제영會社亭諸詠》이라는 책에 수록되어 있어 지금 우리가 접할 수 있게 되었다. 현재 회사정 내부에는 구림동중수계서, 회사정병서, 회사정중건기, 시문 등 일곱 개의 현판이 걸려 있다.

1565년 창립된 구림대동계는 박빈이 구림에 정착한 이후 조직되었는데 박권, 임구령, 임휘 등에 의해 향약의 선행 형태로 유지되어 왔다. 임구령은 3남 3녀를 두었는데, 장남 임호가 본격적으로 상부상조를 목적으로 구림대동계를 창립한 것으로 전해진다. 차남 임혼의 외손자인 조행립은 구림 대동계의 중수자로서 역할을 하였다.

이 정자는 3·1운동 당시는 독립만세의 기치를 올렸던 장소로도 유명하다. 이 지역 출신 조극환은 영암지역의 3·1운동을 주도한 인물로, 영암 장날인 4월 10일을 거사일로 정하고, 구림리와 영암읍에서 동시에 만세운동을 전개하기로 결의하고 태극기, 독립선언서, 독립신문, 독립가 등을 등사해 영암보통학교 학생들에게 주어 배포하도록 하였다. 조극환은 거사 당일 1000여 명의 시위 군중과 더불어 태극기를 들고 구림리 회사정 광장으로 모일 것을 호소하며 만세운동을 주도한 것으로 전해진다. 이들 시위군중은 영암읍으로 향하는 도중에 출동한 일본경찰의 제지로 해산되고, 조극환은 다음날 시위 주동자로 일본경찰에게 체포되었다. 이처럼 회사정은 주민들의 자발적인 참여와 다수결 투표 등 민주적인 원칙을 수행한 민주광장이었고, 나라가 어려움에 처했을 때는 머리를 맞대고 나라를 위해 결의를 다지는 항쟁의 장소였다.*

회사정은 여전히 500여 년의 전통을 이어온 생생한 역사현장이다. 회사정의 존재감이 어떠했는지를 알 수 있는 좋은 일화가 있다. 조선 후기의 문신으로 1672년에 우의정, 1680년 영중추부사, 영의정 등을 지낸 바 있는 문곡 김수항과 관련한 이야기다. 문곡이 1675년 우의정을 지내다 숙종 즉위 후 추문을 들어 종실 복창군 이정, 복선군 이남 두 형제의 처벌을 주장하다가 집권파인 남인의 미움을 받아 유배당한 일이 있었다. 바로 영암 풍옥정에서 유배생활을 했는데 얼마 안 있어 1678년 철원으로 옮겨가게 되었다고 한다. 그런데 문곡은 막상 영암을 떠나려 하자 발길이 떨어지지 않았는데 이웃해 있는 회사정을 지나다가 만감이 교차하여 몇 줄의 짧은 시로 회포를 풀었다.

---

* 최경렬(2019), 정자기행(33) 민주사회를 다독여왔던 영암 회사정(nox9109@naver.com).

회사정 앞에는 물이 흐르고(會社亭前水)

잔잔하게 길손을 보내는구나(潺湲送客行)

물 흐르니 오히려 이별이 아쉽고(水流猶惜別)

사람은 떠나지만 정마저 가겠느냐(人去況爲情)

영암 회사정은 화순 물염정, 담양 식영정, 완도 세연정, 광주 호가정, 곡성 함허정, 나주 영모정, 장흥 부춘정 등과 함께 2004년 광주광역시, 관광협회 등이 공동으로 선정한 수려하고 유서 깊은 '호남의 8대정자' 가운데 하나로 선정된 바 있다. 역사적 가치, 사회적 가치는 물론이고 솔향기 진한 숲속에 지어진 회사정은 예나 지금이나 마을공동체정원으로서 역할을 다하고 있다. 우리가 소중히 가꾸어 가야 할 현재진행형 역사문화자원의 전형이라고 할 수 있다.

지붕 없는 역사박물관, 구림마을

영암 구림마을은 월출산 서쪽에 위치한다. 마을의 북쪽은 북송정, 동쪽은 동계, 남쪽 산 아래 지역은 고산 혹은 남송, 서쪽은 서호정이라 부른다. 오늘날 낭주 최씨, 함양 박씨, 연주 현씨, 해주 최씨, 창녕 조씨, 선산 임씨 등이 집성촌을 이루고 있다.

구림마을은 신라 말기 승려인 도선국사의 탄생설화와 관련이 있다.* 신라 말 어느 겨울 성기동 구시바위에서 최씨 성을 가진 처녀가 빨래를 하던 중 냇물에 떠내려 온 푸른 오이를 먹고 아기를 가졌다고 한다. 처녀 집안에서 이것을 부끄

---

* 한미옥(2012), 설화의 정치성과 전승전략 −도선설화를 중심으로−, 남도민속연구 제27집, pp.261−262.

이웃마을 사람들까지도 함께 이용했던 남도 최초의 공동체 정원이었던
통 큰 규모를 자랑하는 회사정 만큼이나 소나무들도 시원시원하다.

영암군립 하정웅미술관에서 조망되는 회사정.

럽게 여겨 그 아기를 숲속 바위틈에 버렸는데, 며칠이 지난 후에 그곳에 가보니 비둘기들이 아기를 감싸며 돌보고 있었다. 이를 심상치 않게 여기고 다시 아기를 데려와 키웠다는 이야기가 전해 내려온다. 그 아기가 훗날 풍수사상으로 유명한 도선국사라고 한다. 이후 이곳은 비둘기 구鳩, 수풀 림林을 쓴 '구림마을'이 되었고, 바위는 국사암이라 부르게 되었다고 한다. 한편, 이 마을에서 배출된 대표적인 인물로는 백제시대 유명한 학자로 당시 일본에 천자문과 백제문화를 전한 왕인 박사가 있다. 구림마을은 약 1200년 전 통일신라 시대에 한반도 최초로 유약을 칠한 도자기를 생산한 곳으로도 유명하다. 또 조선시대 서예가 한석봉이 이곳에서 어린 시절을 보냈으며, 우리가 익히 알고 있는 석봉은 글을 쓰고 어머니는 떡을 썬 곳이 이 마을이라고 전해진다. 뿐만 아니라 "산버들 가려 꺾어 보내노라 님에게"라는 시조로 유명한 기생 홍랑이 사랑에 빠졌던 조선시대의 문장가 고죽 최경창도 이곳 출신이다.*

회사정이 있는 이곳에는 낭주 최씨 가문의 고가옥인 안용당이 있고, 1681년 (숙종7년) 조선 초기의 문신 박성건의 학문과 덕행을 추모하기 위해 세워진 죽정서원이 있다. 또 건립연대와 주체는 알 수 없지만 낭주 최씨 호은 최동식의 은거지였던 호은정도 있다. 이곳은 한때 마을도서관으로 사용한 적도 있다고 한다. 정자라면 빼놓을 수 없는 곳이 죽림 현징이 귀향하여 지은 죽림정이다. 이곳에는 이순신 장군의 친필 "약무호남시무국가若無湖南是無國家"라고 적힌 복제된 편지가 걸려 있어 인상적이다. 마을 입구에는 왕인 박사가 당시 일본으로 가는 출발지였던 상대포구가 남아 있다. 삼국시대 이곳은 국제무역항으로 일본이나 중국으로 가는 배가 주로 출항했었다고 한다. 현재는 간척사업으로 인해 작은 규모의 연못으로 변했고 기념공원으로 꾸며져 있다.

이곳 구림마을은 마을 전체가 문화유산으로 가득하여 지루할 틈을 주지 않는다. 여유를 갖고 찬찬히 돌아볼 만한 가치를 지닌 보기 드문 전통마을로 가히 지붕 없는 역사박물관이라고 할 수 있다.

---

* 권순열(2005), 최경창과 홍랑연구, 고시조연구 제16집.

스물둘,
송림은 숲을 이루고
연꽃은 무성하며
버드나무는 흐드러지다

영암 쌍취정

월출산, 연꽃호수, 쌍취정이 어우러진 옛 풍경이 그립다

영암에는 화가, 시인, 사진작가 등 많은 사람들이 즐겨 찾는 곳이 있는데 바로 월출산이다. 아마도 흔히 볼 수 없는 기암괴석과 계절마다 색다른 느낌을 주는 식생들이 어우러져 그림 같은 풍경을 연출하기 때문이 아닐까. 예로부터 월출산은 남한의 금강산으로 아낌없이 칭송을 받아 왔다. 무엇보다 산 전체가 한눈에 들어오고 산 능선이 주는 리듬감과 조형성은 여느 산과 비교할 수 없을 만큼 독특하다. 그런 의미에서 월출산은 하나의 거대한 암석정원이라고 할 수 있다. 특히 달이 뜨는 월출산은 말로 표현할 수 없을 만큼 아름다운 풍경을 연출한다. 하춘화의 '영암아리랑'은 월출산에 대한 정서를 잘 표현하고 있다.

달이 뜬다 달이 뜬다 / 영암 고을에 둥근 달이 뜬다

달이 뜬다 달이 뜬다 / 둥근 둥근 달이 뜬다

월출산 천왕봉에 보름달이 뜬다

아리랑 동동 쓰리랑 동동 / 에헤야 데헤야 어사와 데야

달 보는 아리랑 님 보는 아리랑 …

월출산은 좋은 기운을 발산하는 산으로도 유명하다. 그래서일까 예로부터 영암에서 걸출한 인물들이 많이 나왔다. 일본에 천자문과 백제문화를 전한 왕인 박사, 풍수지리와 도참사상으로 유명한 도선국사를 비롯하여 현現 군립도서관 자리에 있었던 풍옥정 주인 문곡 김수항, 주로 김시좌에게 보낸 서간을 모아놓은 《농암진적農巖眞蹟》의 주인공 농암 김창협 등이 있다. 그리고 고려 건국의 일등공신 최지몽, 가야금산조 창시자인 김창조 등도 유명하다. 또 인조 임금의 밥상에 당시 생소했던 까만 김이 올라왔는데 무슨 음식인지 신하들도 선

쌍취정 앞에서 조망되는 모정저수지와 월출산이 한데 어우러지면서 거대한 하나의 정원이 되었다.

뜻 대답을 못했다고 한다. 그저 전라도 광양에 사는 김여익이라는 사람이 올렸다고만 해 그 사람의 성을 따 그날부터 '김'으로 부르게 되었다는 얘기다. 그는 1650년경 우리나라 최초로 광양에서 김양식법을 창안한 사람으로 영암 서호면 출신이다.*

　영암에서 유명한 것은 인물만이 아니다. 수려한 월출산을 조망할 수 있는 곳이라면 어디든 누정이 서 있다는 것을 알 수 있다. 요월당, 회사정, 영팔정, 장암정, 부춘정, 영보정, 죽림정 등 전부 헤아리기도 힘들 정도다. 지금은 사라져 현존하지 않지만 매우 유서 깊고 흥미로운 정자 하나를 빼놓을 수 없다. 군서면

* 김연수(2017), 김양식 기술 발전과정의 한·일비교, 韓國島嶼研究 第29卷 第2號, p.27.

송림은 숲을 이루고 연꽃은 무성하며 버드나무는 흐드러지다

마을 앞 쌍취정은 휴식공간이자 조망공간이며 마을 커뮤니티 공간이다.

모정마을에 있는 쌍취정雙醉亭이다.

언덕배기에 들어선 모정마을 앞에는 보기 드문 아담한 호수가 있고 먼발치에 영암의 상징인 월출산이 전원풍경과 어우러지며 마치 하나의 정원처럼 묘한 앙상블을 이루며 보는 이의 탄성을 자아내게 한다. 〈쌍취정기雙醉亭記〉에 의하면 쌍취정은 임구령이 지은 정자로 기록되어 있는데, 그는 송강 정철의 스승이자 담양 식영정의 주인인 석천 임억령의 동생이다. 그는 1501년 해남에서 출생하고, 34세에 정계에 진출하여 처음 광주목사와 좌우승지에 임명되고 남원부사에 재임되었다. 이후 공을 인정받아 국가포상을 받았는데 나라가 하사한 선물이 해가 갈수록 불어났다. 이에 부귀가 오히려 보신처세에 장애가 된다는 것을 깨닫고 용퇴할 방법에 대하여 고려하게 되었다고 한다. 그러던 차에 우연히 영암 서구림에 들렀다가 마음에 들어 이곳 모정마을에 정착한 것으로 알려져 있다. 그는 이곳에서 천여 석지기 토지를 개간하였으며, 한편에는 연못을 파고 연꽃을 심었고 거기에 고기를 키웠으며 주변에 정자를 지어 풍류를 즐긴 것으로 전해진다. 정자는 처음에 모정이라고 이름을 붙였는데, 이것은 중국 요나라 임금의 검소한 미덕의 뜻을 담은 "모자불치茅茨不侈", 요컨대 '초가집에 살면서 사치하지 않는다'는 고사의 뜻을 취한 것으로 보인다. 후에 쌍취정이라고 이름하여 '형제동락'의 뜻을 담았고 연못과 정자가 어우러진 풍경에 흡족하게 여긴 것으로 전해진다. 이후 문곡 김수항이 1678년에 쓴 〈쌍취정중수기雙醉亭重修記〉에 의하면, 정자가 한 번 불에 탔다는 내용이 있어 다시 중수했음을 알 수 있다.* 잘 알려지지 않았던 쌍취정의 속 이야기는 더욱 흥미진진해진다.

19세기 초에 임구령의 후손인 선산 임씨들은 모정리 주민들에게 방죽 곁에 있던 논을 팔고 영암을 떠났다고 한다. 그 후 서호면 엄길마을 전씨 가문에서

---

* 김창호, 영모정(永慕亭)마을 3, 4, 영암신문, 2016.5.13, 5.20.

이 쌍취정을 매입하게 되었고 건물을 해체하여 엄길마을회관 곁으로 이설했는데 이름을 수래정修來亭이라고 붙였다. 수래정은 이설하는 과정에서 원형이 다소 변형된 것으로 전해지지만 여전히 쌍취정의 원형을 짐작하게 할 만큼 품격있고 고풍스러운 아름다움을 간직하고 있다. 1850년대에는 임씨 가문 일부 후손들이 나타나 연못의 소유권을 주장하여 마을주민들과 소송이 벌어졌다고 한다. 당시 김병교 관찰사는 고민을 거듭한 끝에 농지를 경작하는 사람들에게 방죽이 필요하다는 점을 감안하여 마을주민들의 손을 들어 주었다고 한다. 그 결과, 관찰사의 판결에 감사하는 마음을 담아 철비를 세웠는데 원풍정 앞에 가면 볼 수 있다.

원래 모정마을에서 쌍취정이었던 이 정자는 엄길마을로 옮겨와 수래정이라는 이름으로 재탄생했다.

조선 중기의 화가이자 평론가인 담헌 이하곤이 1722년 장인이 전남 강진으로 귀양 가자 찾아가는 길에 호남지역을 유람하고 《남유록南游綠》이라는 기행문집을 남겼다. 《남유록》에는 쌍취정에 대한 묘사장면이 나온다. 이하곤은 쌍취정에 대해 이렇게 기록하고 있다.

조씨 집에서 식사를 했다. 해가 높이 돋아서야 비로소 출행하여 쌍취정에 이르렀다. 연못의 물이 모두 얼어붙었으며(중략), 창문을 열면 바로 월출산의 푸르름을 대할 수 있으니 이것이 최고의 승경이다. 벽에 문곡이 추서한 석천의 시가 걸렸는데 시격과 필의가 두루 다 볼 만했다.

그는 후에 쌍취정에 대한 느낌을 자신이 묵었던 집주인 조윤신에게 시를 써서 보여주었다.

바삐 선문에서 이별했으나(草草禪門別)
이 한밤의 심회 그윽하네(悠悠此夜心)
화산의 몇몇 친구들 모였으며(花山數友至)
모옥에 등불 하나 빛나네(茅屋一燈深)
깊은 우의 친척만큼 도탑고(厚誼通隣戚)
도란도란 정겹게 이런저런 얘기하네(交情講古今)
시간 가는 줄도 모르고 서로 어울리다 보니(相看忘久巫)
그윽한 달빛만 숲 사이로 떠오르네(幽月欲生林)*

---

* 이하곤 지음, 이상주 편역, 18세기초 호남기행 〈남유록과 남행집〉, pp.227-231, ㈜이화문화출판사.

쌍취정의 주변 풍경을 소상하게 기술하고 있다. 조윤신 집이 있던 구림마을 서호정에서 모정마을 쌍취정까지의 약 10리되는 길가에 소나무 숲이 울창했다는 것을 알 수 있다. 큰 연못(16만 5000㎡)과 주변의 일만 그루의 버드나무, 너른 들녘, 창문을 열면 한눈에 보였던 월출산 전경 등도 생생하게 묘사되어 있다. 지금 우리나라는 지역활성화, 도시재생, 마을가꾸기 등 관련 사업이 한창이다. 경관이 아름답고 유구한 역사를 지닌 쌍취정이 있었던 풍경, 이곳이야말로 진정 재생이 필요한 곳이 아닐런지. 마을과 마을길, 연꽃방죽, 쌍취정, 버드나무와 솔숲 등 당시의 풍경이 되살아날 수만 있다면 지역활성화에도 큰 힘이 되지 않을까.

버드나무 우거진 500년 호숫가 쌍취정의 복원을 기대한다

공간이나 장소는 과거, 현재, 미래의 연속성이 담보되고, 그 장소의 자연적 특성과 역사적 사실을 존중하는 사람들의 마음이 풍경에 반영될 때 비로소 그 힘이 발휘되지 않겠는가. 특히 정자는 더욱 그렇다. 서너 평 남짓의 자그마한 건물이지만 그 안에서 강학, 문학, 교류, 조망, 휴식 등 다양한 기능을 한 만큼 많은 이야기를 담고 있다. 모정마을에는 마을사람들의 안식처 역할을 하고 있는 원풍정이라는 모정이 있다. 일제 강점기 때 지은 원풍정은 모정저수지 옆 나지막한 언덕 위에 자리하고 있어 수면 위에 핀 홍련과 달 뜨는 월출산을 조망하기에는 최적의 장소다. 하지만 훨씬 더 흥미로운 정자, 쌍취정에 관한 이야기를 우리는 잊고 지내고 있다.

쌍취정에 대한 이야기를 접하게 된 것은 자신의 고향인 모정마을을 지독하게 사랑하는 행복마을추진위원장 김창오 씨 덕분이다. 그는 마을 일이라면 열일 제치고 나서는 열정 넘치는 일꾼으로 마을역사는 물론이고 쌍취정의 숨겨진 이야기까지 속속들이 들려주었다. 아마도 그가 아니었다면 쌍취정의 존재가치는 그저 역사 속으로 묻히고 말았을지도 모르겠다. 그가 들려준 이야기에는 참으로 흥미로운 내용이 많을 뿐 아니라 지역을 사랑하는 마음이 여실히 드러나 있다.

2014년 여름 어느 날, 그가 월인당이라는 누정에 앉아 책을 읽고 있었을 때의 일이다. 갑자기 승용차 한 대가 집 앞에 멈춰서더니 어른 네 분이 차에서 내렸다고 한다. 그러더니 여기에 무슨 방죽 같은 것이 있냐고 묻더라는 것이다. 방죽은 동쪽 언덕 아래 있습니다만 무슨 일로 그러시냐고 묻자, 옛날 자신들의 선조께서 이곳 연못가에 정자를 짓고 사셨는데 그 터가 궁금해서 한 번 찾아왔다고 했다. 그는 이 만남을 '운명적 만남'이라고 힘주어 말했다. 이렇게 인연이 되어 선산 임씨 어른들과 첫 대면을 했고 그중 한 분이 임구령의 16세손이자 종손으로 월당공의 묘소와 제실을 관리하고 있는 임선우 씨였다고 한다. 그는 〈쌍취정기〉와 〈중수기〉 원문을 보관하고 있었고 훗날 종손 임선우 씨가 약조한 대로 〈쌍취정기〉 원문과 문곡 김수항이 쓴 〈중수기〉 등의 자료도 접하게 되었다고 한다. 이를 계기로 다양한 얘기를 나누었고 쌍취정 복원에 대해서도 공감대를 형성한 것으로 알려져 있다.

최근 모정마을 주민들은 얽히고설킨 흥미로운 이야기를 잘 풀어내고 있고, 쌍취정 옛터도 매입해 둔 상태다. 모정마을 쌍취정을 시작으로 그와 연관된 담양의 식영정, 서호면 엄길리의 수래정, 구림마을 요월당 등과 연계하면 훌륭한 문화유적 답사코스로 명품화할 수 있을 것이다. 역사를 공유하고 또 서로가 잘되기를 바라는 것, 그것이야말로 진정한 상생이 아니겠는가.

스물셋,
자연의 이치에 순응하니
무릉도원이 마음으로 찾아오다

보길도 부용동 정원

세상 근심을 씻고 끝없는 상상력을 키우다

때는 1637년 1월, 당시 해남에 기거하던 고산 윤선도孤山 尹善道, 1587-1671는 병자호란으로 강화도에 피난 중인 원손대군과 빈궁을 구출하고자 뜻을 같이 하는 의병들을 배에 태우고 강화에 닿았으나 청나라 태종이 이끄는 군사에게 왕자 일행이 이미 붙잡혔다는 소식을 접하고 뱃머리를 돌려 귀향한다. 그것이 임금에게 문안하지 않은 불충으로 간주되어 경상도 영덕으로 유배되고 만다. 이후 풀려나 그는 제주도로 은거를 결심한다. 제주도를 향해 항해하던 중, 그들 일행은 태풍을 만나 뜻하지 않게 보길도에 입도하게 되었다. 여기서부터 반전이 시작된다. 윤선도의 눈과 마음을 사로잡은 보길도의 수려한 풍경은 그의 행로뿐 아니라 인생여정을 송두리째 바꾸어 놓았다.

그가 보길도에 첫발을 들여놓은 곳은 황원포다. 작은 포구와 주변 풍경이 마치 연꽃을 닮았다 하여 부용동芙蓉洞이라 이름 짓고 그곳에 터를 잡아 은거를 시작하였다. 어느 날 뒷산 격자봉에 오른 그는 부용동의 풍광을 보고 참으로 "물외가경物外佳景"이라 감탄하고 "하늘이 나를 기다린 것이니 이곳에 머무른 것이 족하다"고 술회하였다. 윤선도가 첫발을 디딘 1637년부터 1671년 85세에 세상을 떠날 때까지 일곱 차례에 걸쳐 13년간 이곳에 머물면서 정원을 가꾸고 시를 짓고 풍류를 즐겼다. 그가 조성한 정원에는 동양의 자연관과 성리학사상이 짙게 배어 있고 자연과 사람, 자연과 인공을 분리하지 않고 조화를 추구한 안목이 곳곳에서 발견된다.

그는 보길도 자체를 낙원으로 가꾸고자 했고 자신은 신선이 되고자 했던 것 같다. 격자봉 산자락 아래에 낙서재를 지어 성리학을 연구하였고, 이 일대에 소은병, 낭음계, 오운대, 독등대, 상춘대, 언선대 등 바위에 이름을 붙였다. 그는 자연의 바위나 나무 하나도 하찮게 보지 않고 각각의 존재가치에 대해 의미 부

세연정과 세연지가 어우러진 풍경. 당시 세연지는 수상무대가 되었고 세연정은 관람석이 되었다.

여하며 그들을 벗 삼아 소통하려 했다. 윤선도는 본격적으로 정원 조성을 시작했는데 낙서재의 인근 개울가에 연못을 파고 정자를 지어 곡수당이라 명명하고, 낙서재 맞은편 산중턱 절벽 위에 한 칸 정자를 지어 동천석실이라 하였다. 그곳에서 낙서재를 비롯한 부용동 전경을 신선의 시선으로 조망하며 선경에 노닐었던 것으로 보인다. 낙서재에서 늘 바라보기만 했던 동천석실에 직접 올라가 역으로 낙서재와 부용동을 내려다본 느낌은 어땠을까? 현실적으로는 어떤 권력도 부럽지 않았을 것이고 정신적으로는 모든 것을 초월한 신선이 된 느낌을 맛보지 않았을까.

달콤한 꿈에서 깨어 동천석실에서 계곡을 따라 동북쪽으로 한참 내려가다 보면 시냇물을 돌둑으로 막고 그 물을 채운 두 개의 연못이 보인다. 가두었던 물을 돌려 감상한 뒤 다시 계류로 흘려보냄으로써 자연에 순응하고자 했음을 보여준다. 두 연못 사이에 자그마한 섬을 조성하여 그 위에 세운 정자 하나가 신비스럽게 모습을 드러낸다. 그곳이 바로 세연정이다. '세연洗然'은 '자연으로 씻어낸다' 혹은 '씻어낸 듯 깨끗하고 가지런한 자연'이라는 뜻인 듯하다. 자연으로 근심을 치유하고 세상의 욕심을 씻어내려 했던 곳이 아니겠는가. 부용동정원은 배움과 생활공간인 낙서재와 곡수당 영역, 조용히 사색과 조망을 즐겼던 동천석실 영역, 그리고 풍류와 연회를 즐겼던 세연정 영역이 유기적으로 연결됨으로써 비로소 하나의 정원으로 완성된다. 세 곳이 도보로 결코 가까운 거리가 아님에도 각각 다른 의미의 누정을 짓고 다양한 조망점에서 자연을 감상하며 시와 음악과 춤으로 즐거움을 극대화시켰던 것으로 보아 윤선도는 부용동전체를 하나의 정원으로 인식했고 삶 자체가 풍류였던 것으로 보인다. 세연정에서 풍류를 즐기며 불렀던 대표적인 노래가 〈어부사시사漁父四時詞〉*다. 단순히 노래만 불렀던 것이 아니고 연못에 배를 띄우고 동자들에게 채색 옷을 입혀 노를 젓게 하며 상상력을 발휘하여 기존의 어부가를 우리말로 풀어놓은 것이다. 본래 어부가는 고기잡이 나간 어부가 일렁이는 파도 위에서 노를 저으며 부르는 노래지만, 〈어부사시사〉는 어부와는 상관없이 그저 윤선도의 독특한 감성

---

* 〈어부사시사〉는 윤선도가 어부의 사계절을 읊은 시조다. 보길도에서 바다를 산책하거나 낚시를 즐기던 가운데 접했던 어부들의 일상과 풍경의 변화를 사계절로 구분하여 노래한 것이다. 그의 풍부한 상상력과 심미안이 돋보이는 작품으로 총 40장의 노래가사로 구성되어 있다.

앞개울에 안개 걷히고 뒷산에 해 비친다
배 띄워라 배 띄워라
밤물은 거의 지고 낮물이 밀려온다
찌그덕 찌그덕 저어라
강촌 온갖 꽃이 먼 빛에 더욱 좋다
　　　　　　- 〈춘사(春詞)〉1(정영래, 낚시꾼이 풀어쓴 고산 윤선도 어부사시사, p.77, 143 샘물.)

으로 리메이크한 창작 뮤지컬이었던 셈이다. 비록 몸은 세연정에 있지만 마음은 바다에 나가 어부들과 함께 파도를 해치고 다닌 것처럼 사실적으로 묘사하고 있다. 원곡보다 맛깔스럽게 표현한 윤선도의 감수성이 돋보인다.

중국 서안의 화청지에서 수상무대로 펼쳐지는 장한가무극을 떠올리게 한다. 장한가는 당대의 시인 백거이가 지은 시로 당 현종과 양귀비의 사랑 이야기를 다룬 내용이다. 안녹산의 난, 생사, 이별, 선경에서의 만남 등 4막으로 공연된다. 당 현종은 권력으로 지상낙원을 건설하려 했다면 고산은 자신이 있는 곳을 낙원으로 만들겠다는 의지를 보여준 것이라고 할 수 있다.

윤선도는 부용동정원을 통해 끊임없이 배우고 자연과 교감하며 욕심을 비워가는 것이 올바른 삶의 자세라는 것을 제시하고 있는 듯하다. 결국 자연을 통해 하늘의 이치를 깨닫고 자연을 닮아가는 삶이야말로 무릉도원이라는 것을 말하고 싶었는지도 모르겠다.

윤선도의 무릉도원, 부용동정원

부용동정원은 공간, 스케일, 의미 등에서 다른 별서정원들과 확연히 다르다. 그는 생활과 학문과 놀이공간을 엄격히 구분하면서도 세 영역을 교묘히 연결시키며 삶의 필요충분조건이 무엇인지 몸소 보여주고자 했다. 낙서재에서 공부하고 세연정에서 씻어내고 동천석실에서 마음을 비웠다. 반복적으로 시점을 달리하여 감상하면서 고정관념이나 현실에 연연하지 않으려고 부단히 노력한 것으로 보인다. 노자의 무위사상의 영향을 받은 것처럼 보이며 자연의 이치에 순응하므로 무릉도원이 마음으로 찾아온다는 깨달음을 얻었던 것은 아닐까.

세연정

세연정은 두 개의 연못 사이 인공섬 위에 건립된 세 칸의 정방형 정자다. 《고산연보》에는 고산이 1637년 보길도에 처음 들어와 부용동을 발견했을 때 건축한 것이라고 기록되어 있는데[*] 그 후 소실되었다가 근년에 복원되었다. 한국 전통 정원 중에서도 독특하기로 유명한 이 정원에는 고산의 사상과 안목이 잘 드러나 있다. 개울에 보(판석보, 일명 굴뚝다리)를 막아 논에 물을 대는 원리로 조성된 세연지世然池는 산속에 은거하는 선비의 원림 치고는 규모가 화려하게 느껴질 정도다. 세연지 곳곳에 놓인 크고 작은 바위들은 마치 다도해 섬 풍경을 보는 듯 신비롭고 그 규모와 절묘한 배치에 재차 놀라지 않을 수 없다. 세연정에서 만나는 붉은 동백꽃은 마치 수줍어 달아오른 섬 처녀의 볼을 보는 듯 곱다. 무엇보다 국문학사에 길이 빛나는 〈어부사시사〉가 여기서 창작되었다는 것만으로도 참 뜻깊은 장소다.

낙서재와 곡수당

고산이 기거했던 집터로 동천석실이 마주보이는 격자봉 산자락 아래에 위치하고 있다. 초가로 집을 지었다가 나라에서 송금령이 내려져 소나무를 베지 못하게 하자 잡목으로 세 칸 집을 지었다고 한다. 당대에는 초가였는데 후손이 기와집으로 개조하였고, 이후 다시 소실되었는데 최근에 발굴조사를 통해 이를 복원하였다. 고산이 이곳에서 자제들을 가르치며 시를 짓던 교육과 창작의 산실

---

[*] 다음백과(https://100,daum,net/encyclopedia/view/52XXXX126422)

세연정 마루 위에서 조망되는 그림 같은 정원 풍경.

2011년 복원된 곡수당 풍경.

이었다. 곡수당은 낙서재에서 우측으로 건너다보이는 계곡 옆에 위치하고 있다. 고산의 아들 학관이 기거했던 곳이다. 대부분 경작지로 변해 있어 예전 풍경 그대로는 아닐지라도 최근 초당을 비롯하여 연지, 화계, 다리 등이 대부분 복원되어 다소나마 옛 정취를 느낄 수 있다.

동천석실

동천은 동천복지洞天福地에서 유래한 말로 도교에서 '하늘로 통하는 문이자 최고의 복된 땅으로 신선이 기거한다는 명산명승'을 일컫는다.* 석실은 석조로 된 거실이지만 산중에 은거하는 방이나 서재를 의미하기도 한다. 세연정에서 2㎞ 정도 떨어진 산자락 9부 능선에 위치해 있는데 주변이 온통 기암절경이다. 가파른 단애 위에 한 칸짜리 방형정자를 짓고 석실이라 하였으며, 석실 아래의 암벽 사이로 석간수가 솟아나는 석천이 있고 이 물을 막아 작은 연못을 만들고 여기에 수련을 심었다. 여기에는 석제, 석문, 석담, 석천, 석폭, 석대, 차바위 등이 있어 암석정원의 향연을 보는 듯하다. 뭐니 뭐니 해도 동천석실의 매력은 낙서재, 곡수당, 격자봉, 부용리 입구까지 부용동 전경을 파노라마처럼 한눈에 조망할 수 있다는 점이다.

---

* 김영모 · 진상철(2002), 신선사상에 영향을 받은 전통조경문화의 전개양상에 관한 연구, 한국정원학회지 Vol.20 No.3, p.89.

동천석실에서 조망되는 격자봉과 부용동, 그 아래 있는 낙서재와 곡수당을 내려다보고 있다.

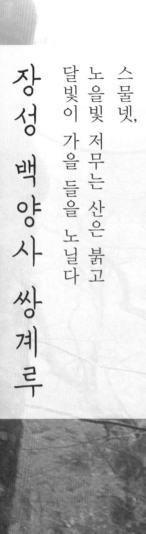

장성 백양사 쌍계루

스물넷,
노을빛 저무는 산은 붉고
달빛이 가을 들을 노닐다

남도 사림문화의 원류이자 호남 최초 사회공동체 정원

백양사의 원래 이름은 백암사다. 중건 이후 한때 정토사로 부르다가 현재는 백
양사로 부르고 있다. 그와 관련된 전설이 하나 전해지고 있는데, 어느 날 한 스
님이 꿈을 꾸었는데 흰 양 한 마리가 나타나 자신은 수행과 덕을 쌓고 천상으로
떠난다는 말을 남기고 사라졌다. 잠에서 깨어난 스님은 절 뒷산에서 흰 양의 주
검을 발견하게 되었고 그 후로 절 이름을 백양사로 바꿨다는 이야기다.*

　　백양사白羊寺는 백제 무왕 33년(632) 여환조사如幻祖師가 창건한 호남불교의 요람
으로 조계종 5대 총림 가운데 하나다. 백양사에 소속된 암자는 운문암, 약사암,
물외암, 영천암, 청류암 등이 있는데 고려 충정 2년 각진국사 때 지어졌다. 청류
암은 1894년 갑오농민전쟁 시기에 전봉준이 하룻밤 묵어가기도 했고 구한말 항
일의병 활동기에는 의병들이 드나들기도 하고 스님들이 의병활동에 참여하는
등 사회운동의 거점역할을 한 것으로 전해진다. 이런 유서 깊은 곳에 왠지 한가
로운 느낌마저 드는 누정이 호젓하게 자리 잡고 있다. 바로 雙溪樓쌍계루다.**

　　누정과 계곡은 떼려야 뗄 수 없는 관계다. 계곡이 있는 곳에 반드시 누정이
있는 것은 아니지만 누정이 있는 곳에 대체로 계곡이 있다. 불가피한 경우 계
곡물을 끌어들여 연못을 조성하거나 먼발치에서라도 물을 조망할 수 있는 곳에
주로 누정을 지었다. 그런 면에서 쌍계루는 두 계곡(백양계곡과 천진암계곡)이 흐
르는 중간 지점에 위치해 있는데다 뒤로는 백학봉이 병풍처럼 배경이 되어 주
고 있어 풍경의 완성도는 두 말할 나위 없는 명승지다.

　　쌍계루는 고려시대인 1350년 각진국사가 당시 정토사(현 백양사)를 중창하면
서 건립된 것으로 추정하고 있다. 이후 1370년 대홍수에 휩쓸려간 것을 각진국

---

*　최원종, 쌍계루 제영시의 문화사적 의의 호남문화연구 60, pp.109-145, 전남대학교 호남학연구원.
**　백양사 홈페이지(http://baekyangsa.kr/).

쌍계루와 백양사를 잇는 극락교를 계곡 아래에서 보면 훌륭한 정원 조형물이 된다.

사의 제자이자 조카인 청수스님이 1377년 복원하였고 몇 차례 중수를 거쳤으나 한국전쟁 때 완전히 소실되었던 것을 1985년 복원하였으며 현재 건물은 2009년 다시 해체하여 보수한 것이다. 따라서 현재 쌍계루 건물은 문화재적 가치를 논하기보다는 백학봉과 어우러진 쌍계루 풍경과 일찍부터 옛 문인들이 시문을 남긴 곳으로 그 문화적 가치가 높은 곳이라 할 수 있다. 전면 3칸, 측면 2칸의 팔작지붕을 갖추고 2층 누각 형태인 쌍계루는 그 형태나 위치로 보아 여느 사찰에서는 좀처럼 보기 힘든 건물로 평가받고 있다. 또 그 명칭을 짓는 과정도 다른 누각과는 다른 면모를 보여주고 있다.

처음 각진국사가 누각을 건립하였을 때는 특별한 명칭을 갖지 못하였으나 청수스님이 복원하면서 당시 유명한 문사들에게 차례로 작명을 요청하였다. 먼저 그 청을 받은 사람은 삼봉 정도전이었다. 친원정책을 반대하다가 권문세족의 미움을 받고 나주로 유배 온 삼봉은 청수스님의 부탁을 받고《백암산정토사교류기白巖山淨土寺橋樓記》를 남기면서 사찰 풍경에 대해 예찬했지만, 이름은 부여하지 않았다. 그 후 다시 목은 이색이 누각의 좌우 계류에서 흘러나온 두 갈래의 물이 하나로 합쳐진다고 해서 '쌍계루'라 지었는데 이를《쌍계루기》에 남기게 된다. 삼봉과 목은을 청수스님께 소개한 사람은 당시 용진사의 무열스님인 것으로 전해진다. 이렇게 목은에 의해 이름을 얻게 된 쌍계루는 다시 포은 정몽주가 〈쌍계루〉라는 칠언율시를 남기면서 세상에 그 이름을 알게 되었다.* 이후 많은 문인들이 쌍계루에 올라 목은 선생의 시에 앞다투어 차운하면서 많은 시들을 남기게 되었는데 지금도 삼봉, 목은, 포은의 시문과 함께 전시되어 있다. 쌍계루는 당대 큰스님이셨던 청수스님, 무열스님, 환암스님, 절간스님과 최고의 학인이자 정치가였던 삼봉, 목은, 포은 등 당시 내로라하는 쟁쟁한 인물들의

---

* 쌍계루 제영시 번역집, 국립공원관리공단 내장산국립공원백암사무소.

교류와 숱한 사연이 얽혀 있는 유서 깊은 장소라는 점에서 흥분을 감출 수 없게 만든다. 어찌 보면 쌍계루는 호남 사림문화의 원류이자 최초의 커뮤니티 정원이라고 할 수 있을 것이다.

쌍계루 정원의 백미 아기단풍, 그리고 풍경 도우미

백양사, 백학봉이 위치한 백암산은 1500여 종의 다양하고 풍요로운 동·식물이 서식하고 있으며, 백양사 주변의 단풍 경관과 어우러진 쌍계루와 백양사 대웅전에서 바라보는 백학봉의 암벽 경관이 매우 인상적이어서 예로부터 '대한팔경' 가운데 하나로 꼽혀 왔을 만큼 이름난 명승지다. 쌍계루의 백미는 단연 아기단풍이 익어가는 가을 풍경이다. 이곳 단풍은 잎이 얇고 작은데다 빛깔이 고운 것이 특징으로 생김새가 아기 손바닥 같다 하여 일명 '아기단풍'으로 불린다. 그렇다고 아기단풍만 있는 것은 아니다. 전국에서 단풍나무 종류가 가장 많은 곳으로도 유명한데 당단풍, 좁은단풍, 털참단풍, 네군도단풍 등 모두 13종의 단풍나무가 자라고 있으며 가을이면 온통 붉은 계열의 단풍이 물감을 풀어 놓은 듯 지천을 물들인다. 쌍계루를 향하는 도로 양쪽 가로수와 하천 주변의 단풍이 연신 감탄을 자아내게 하고 마침내 쌍계루에 이르는 지점에서 절정을 이룬다.

쌍계루 풍경의 주역은 물론 아기단풍이다. 그렇지만 쌍계루의 변화무쌍한 풍경의 완성도를 돕는 도우미 식물들이 여럿 있다. 먼저 백양사 내부로 들어가면 귀한 식물이 반갑게 맞이해 준다. 바로 고불매다. 백양사 고불매(천연기념물 제486호)는 담홍색 꽃이 피는 개체 중 가장 대표적이며, 호남오매 가운데 하나로 많은 사람들로부터 칭송받아 온 귀중한 자연유산이자 백양사 대표 얼굴이 되었다. 또, 백양사 인근에서 처음 발견되어 붙여진 이름 백양꽃(학명: Lycoris sanguinea Var. Koreana(Nakai) T. Koyoyama)이 있다. 백양꽃의 꽃말은 초가을의 그리움, 진한 미소다. 어쩌면 단풍을 그리워하며 피는 가을마중 꽃인지도 모르겠다. 백양꽃은 꽃과 잎을 동시에 볼 수 없다는 상사화랑 같은 집안이다. 상사화와 백양꽃은 봄에 잎이 먼저 나오지만 꽃무릇이나 개상사화는 가을에 잎이 먼저 나온다. 모두 알뿌리식물이라 그런지 꽃이 참 크고 아름답다. 추위에 약해 주로 남부지역에서 자생한다.

백양사 인근에는 귀한 식물 군락지도 있는데 바로 백양사 비자나무숲(천연기념물 153호)과 갈참나무 군락지다. 주목과에 속한 상록침엽수 비자나무는 백양사 주변이 북방한계선일 만큼 온난한 지역에서 자라는 나무다. 지금은 남부지방과 제주도 일부에만 자라고 있어 대부분 천연기념물로 지정되어 보호받고 있다. 오래전부터 고급 바둑판을 만드는 데 애용되었다고도 한다. 그리고 갈참나무 군락지도 보호되어야 할 귀한 식생인데, 여기에는 우리나라에서 가장 오래된 수령 700년 된 갈참나무가 있다. 또 경내에 있는 보리수도 유감없이 풍경 도우미를 자처하고 있다. 이 나무는 도수, 각수라고도 불리는데 보리菩提, bodhi는 인도 고대어인 산스크리트어를 한자로 음역한 것이며 '깨달음의 지혜' 등의 의미를 담고 있다고 한다. 백양사 쌍계루 인근에서 빼놓을 수 없는 향토 풍경이 또 있다. 바로 사과나무와 감나무다. 장성의 과일이 참 맛있지만 특히 사과와 감(곶감)이다. 언제부턴가 사과와 감이 주렁주렁 열려 있는 풍경은 아기단풍과 더불어 장성의 가을을 대표하는 향토 풍경으로 자리 잡아 가고 있다.

풍경이나 정원은 그야말로 꽃과 나무들이 서로 어우러지면서 연출되는 상생의 결과물이라고 할 수 있다. 이처럼 자연에 대한 이해와 그 아름다움에 대한 인간의 안목이 더해진다면 백양사 쌍계루 정원과 같은 멋진 작품이 탄생하게 되는 것이다.

쌍계루를 거쳐 흐르고 있는 백양사 계곡이다.
사람의 발길이 닿지 않은 덕분에 훌륭한 암석정원이 되어 있다.

맑은 바람이 만들어낸 자연의 때는 풍경의 깊이를 한층 더해 준다.

장흥 송백정

스물다섯,
고택에 흐르는 정신과 풍경이
자손만대에 흐르다

미완의 정원, 송백정

상선약수마을로 일컬어지는 장흥군 장흥읍 평화마을은 청정한 물과 울창한 숲이 있는 전형적인 농촌마을이다. 마을 입구의 메타세콰이아 가로수길이 인상적인 이 마을은 우뚝 솟은 억불산 연대봉 아래에 고즈넉하게 자리 잡고 있다. 마을 인근 여기저기에서 볼 수 있는 상선약수샘, 서당샘, 중샘, 정자샘 등 다양한 샘들이 마을이름을 대변하고 있다. 억불산으로 이어지는 삼림욕장에는 대숲, 동백숲, 소나무숲 등 다양한 테마숲이 조성되어 있어 호젓한 분위기 속에서 숲과 물이 주는 즐거움을 만끽할 수 있다. 무엇보다 이 마을에는 물과 연관된 이야기가 있어 관심을 갖게 한다. 마을 오른쪽으로 흐르는 개울물을 따라 대나무 향기를 맡으며 잠시 걷다 보면 보기 드문 광경을 만나게 되는데, 100여 년이 훌쩍 넘어 보이는 배롱나무 군락이 눈에 들어온다. 이윽고 그 나무들이 에워싸고 있는 소박한 연못이 모습을 드러낸다. 이곳을 송백정松百井이라 부르고 있다.

송백정 주변은 잘 발달된 청년의 팔뚝근육처럼 울퉁불퉁한 가지를 뽐내는 백일홍 50여 그루가 아름다운 자태를 뽐내고 있다. 꽃이 피는 6월 중순에서 9월 중순까지 100여 일 동안 하얀색, 붉은색, 분홍색, 보라색 등 다양한 색채의 꽃을 볼 수 있어 일부 사진작가들에게 담양 명옥헌 원림과 더불어 배롱나무 명소로 각광을 받고 있는 곳이다. 송백정은 언뜻 들으면 누구나 소나무와 정자가 있는 정원을 상상할 것이다. 하지만 송백정의 정은 정자亭子가 아니라 우물井을 가리킨다. 사실은 연못으로 조성하기 전에 이곳에는 작은 샘 하나가 있었다고 한다. 그 샘물을 가두어 작은 연못을 만들었고 이후 고영완高永完, 1914-91이 마을사람들을 위한 휴식공간으로 조성하기 위해 자신의 땅을 기꺼이 내놓아 연못을 확장한 것이다. 이 연못을 조성하는 과정에서 일본정원 전문가를 데려올 정도로 심혈을 기울였다고 한다. 당시 배롱나무, 영산홍, 대나무 등도 일본에서 들여

266

돌계단, 고목, 대숲으로 이루어진 무계 고영완 고택 진입부 풍경은 단연 압권이다.

온 것으로 전해진다. 지금 송백정의 모습은 연못이 있고 그 연못 안에 작은 섬이 있으며 섬으로 연결하는 목재다리가 설치되어 있다. 현재 작은 섬에는 소나무, 동백나무, 배롱나무 등 다양한 수목들이 우거져 섬의 형태를 알아보기 어려울 정도다. 또한 연못 주위에 오래된 배롱나무가 운치를 더해 주고 있고 연못 안에는 어리연과 가시연이 수면을 덮고 있다. 후손 고병선 씨에 의하면 이곳 섬에는 한동안 샘물이 유지되었고 그 샘물을 이용하여 분수를 만들었을 정도였다고 한다. 섬에는 물이 연못으로 흘러들어가는 작은 수로의 흔적을 볼 수 있어 그 사실을 뒷받침해 주고 있다. 이곳 연못은 정원 조성을 위한 엄격한 규칙이나 형식에 따르고 있는 것으로 보이지는 않는다. 그냥 소박하고 자연스러운 풍경이다. 고영완 씨는 집 주변에 자라고 있는 나무들만큼은 한 그루도 함부로 손을 대지 못하게 했는데 덕분에 고택 주변의 노거수들이 지켜질 수 있었던 것이 아닐까.

배롱나무와 연못 풍경에 마음을 빼앗겨 한 바퀴 돌고나서야 비로소 보일 듯 말 듯 시선을 유혹하는 풍경이 눈에 들어왔는데 바로 무계 고영완 고택이다. 무계고택은 대문으로 들어가는 입구부터가 압권이다. 언덕 위에 지어진 고택인지라 양쪽에는 오래된 나무들과 대나무 숲이 있어 마치 수문장들이 입구를 지키고 있는 것 같은 느낌을 받는다. 수문장에게 허락을 받고 통과하면 아기자기한 돌계단이 자연스럽게 대문을 향하게 한다. 이끼 낀 돌담과 옛 담장의 풍모가 예사롭지 않고 울창한 노거수들과 어우러져 완성도 높은 풍경이 되어 이 공간만으로도 훌륭한 전통정원이 되어 주고 있다. 일명 무계고택으로 일컬어지는 이 가옥은 고영완 씨의 조부인 고재극이 1852년에 건립한 것으로 알려진 전형적인 한국 전통가옥으로 일자형 겹집으로 남부지방에서 흔히 볼 수 있는 목조 기와집이다.

전라남도 문화재자료 제161호인 이 가옥은 원래 정화사라는 절터에 지어진

배롱나무 꽃 필 무렵 송백정은 담양 명옥헌과 쌍벽을 이룰 정도로 아름답다.

고영완의 후손 고병선 씨는 고택과 정원에 관한 이야기를 차분하게 들려주었다.

것으로 알려져 있다. 마당엔 불을 밝혔을 법한 석등이 놓여 있고 고택의 뒤꼍으로 돌아가 보니 단아한 앞모습과 달리 바로 숲으로 이어져 있어 일반 주택이 아니라 암자에 와 있는 느낌이 들 정도다. 경사가 급한 대지에 짓다 보니 다소 높은 삼단으로 단차를 두어 공간의 위계를 구성하였다. 가장 아랫단에는 대문과 하인 방, 둘째 단에는 마당, 창고, 관리사 등을 두었으며 맨 위에 본채를 지었다. 본채 옆에는 최근 지은 것으로 보이는 양옥건물이 앉혀져 있다. 주변에는 소나무와 느티나무, 배롱나무, 대나무 등이 한데 어우러져 마치 숲속에 들어와 있는 느낌을 주며 한옥의 운치를 더해 주고 있다. 이 고택은 주변의 숲과 개울이 있는 점도 특이하지만 공간의 위계도 단순하지 않아 제법 흥미롭다. 마당을

마당 한편에 놓여 있는 옛 항아리들이 훌륭한 정원의 오브제가 되고 있다.

양탄자처럼 깔아놓은 푸른 잔디에 샘터, 담장, 장독, 석등, 돌확 등이 정원의 훌륭한 조형물이 되어 주고 있어 지루할 틈을 주지 않는다. 가옥 주변과 마당 가장자리에는 빗물이 개울로 흘러갈 수 있도록 도랑을 만들어 주는 세심한 배려도 잊지 않고 있다. 마당 여기저기에 무심한 듯 놓여 있는 푸른 이끼 옷 입은 오래된 돌들은 세월을 말해 주고 있다.

고택과 연못을 조성한 고영완은 일제 강점기 항일학생운동을 하고 해방 후 장흥군수와 국회의원을 지낸 바 있다. 그는 평소 책 읽는 것을 좋아했는데 특히 기봉 백광홍의 제자로 조선 중기의 유명한 시인이었던 백광훈의 한시집이나 당시선집 등을 즐겨 읽은 것으로 전한다. 그를 기억하는 사람들에 의하면 그는 정치인이라기보다 차라리 고매한 선비였고 큰 이익을 남기는 일이라도 옳지 않는 일이라면 절대 야합하지 않았던 강직한 의인의 품성을 지녔다고 한다. 장흥중학교 부지를 비롯해 다양한 공적 사업에 많은 기부를 했을 뿐 아니라, 주변의 어려운 사람들도 많이 도운 것으로 알려져 있다.* 그를 닮아서일까 현재 고택을 관리하면서 이곳에서 여생을 보내고 있는 후손 고병선 역시 자신이 소유하고 있는 뒷산을 삼림욕장으로 사용하도록 내어주는 등 선행을 이어가고 있다.

무계고택 사람들은 물이 가르쳐 주는 교훈을 잊지 않고 살고 있다. 이제 그의 후손들뿐 아니라 지자체와 뜻을 같이 하는 사람들이 힘을 합하여 그 정신에 걸맞은 공간으로 계승, 발전시켜가야 할 것이다. 그의 고상한 인품과 손때 묻은 고택, 미완으로 남아 있는 연못정자, 그리고 주변의 대숲 등을 아울러 아름다운 정원으로 가꾸어 가는 것은 어떨지. 작은 샘물에서 시작된 '송백정松百井'이 무계고택에 면면히 내려오는 아름다운 이야기와 따스한 햇살을 머금은 고즈넉한 풍경이 자손만대까지 전해질 수 있는 진정한 '송백정松百庭'으로 거듭난다면 더할 나위 없을 것 같다. 물이 주는 교훈이 발현되는 작은 샘물의 기적이 멋진 정원으로 진화하기를 기대해 본다.

'장흥정신'의 토대인 '물의 교훈'이 배어 있는 상선약수마을

사람이나 지역이나 이름이 참 중요하다. 이름이 그 대상 이미지에 지대한 영향을 끼치기 때문이다. 그런 의미에서 장흥은 느낌이 참 좋다. 왜냐하면 지명이 '길게長 흥興하다'는 뜻을 가지고 있기 때문이다. 결국 장흥은 사람이 살기에 좋

---

* 고산지(2017), 계곡의 안개처럼 살다 −무계 고영완 일대기−, 배문사.

샘물을 가두어 연못을 만들었고 연못가에 나무를 심었으며 지금은 훌륭한 정원이 되었다.

은 여건을 갖추고 있다는 의미다. 억불산, 사자산, 수인산 등 산세가 좋아 풍부한 물이 자랑거리다. 탐진강이 지역을 관통하고 있는 비옥한 땅에서 어려움 없이 살아 왔다. 그래서 농사를 짓기에 좋은 땅이고, 바다를 끼고 있어 굴, 바지락, 김 등 수산물도 풍부하다.

사실 장흥사람들이 가장 긍지를 갖고 있는 것은 따로 있는데 다름 아닌 사람이다. 장흥사람들은 예나 지금이나 문학과 예술을 사랑하고 삶의 여유를 가지고 살고 있다. 바른 글로 세상을 밝히고자 하는 문학의 고장인 동시에 나라에 대한 충정이 뛰어나 자타가 공인하는 문림의향이다. 그도 그럴 것이 장흥은 가사문학의 원조라고 할 수 있는 〈관서별곡〉의 기봉 백광홍의 고향이다. 그는 장흥문학의 상징이자 국문학사에서 탁월한 문학적 업적을 남긴 장흥의 자랑스러운 문인이다. 그가 평안도평사가 되었을 때 그곳을 두루 살피고, 그 아름다운 풍광을 노래한 작품으로 작자의 문집 《기봉집岐峰集》에 실려 있는 〈관서별곡關西別曲〉 이야기를 빼놓을 수 없다.

〈관서별곡〉은 정철의 〈관동별곡關東別曲〉보다 무려 25년 앞서 지어진 작품으로 우리나라 기행가사문학의 효시로서 후학들에게 큰 영향을 주었다. 그 외에도 장흥에는 《병신과 머저리》, 《당신들의 천국》, 《천년학》 등을 저술한 1960년대 대표적인 작가 이청준, 《채식주의자》로 맨부커상을 탄 소설가 한강의 아버지이자 《아제아제 바라아제》, 《해산 가는 길》 등 주옥 같은 작품을 저술한 한승원, 《녹두장군》, 《암태도》 등으로 민중들의 고통스런 삶에 주목한 작가 송기숙 등 내로라하는 문학가들이 즐비하다. 이처럼 사람이 좋고 환경이 좋아 더 이상 바랄게 없는데 길게 흥하지 못할 이유가 없을 것이다.

이런 장흥의 축소판이라고 할 만큼 평판 좋은 마을이 바로 상선약수마을로 일컬어지는 평화마을이다. 평화平和마을인가 싶었는데 한자를 보니 평화리平化里였다. 이 마을도 둘째가라면 서러워할 만큼 좋은 물을 자랑스럽게 생각하는 마을인데 우물에서 나오는 물 자체가 약수로 여겨질 정도였다고 한다. 상선약수는 중국 춘추시대 초나라의 철학자인 노자의 대표적인 저서 《도덕경道德經》 제8장에 나오는 말로 '나는 물처럼 싸우지 않는다'라는 뜻이다. 원문에는 "상선약수 수선리 만물이부쟁上善若水 水善利 萬物而不爭"이라는 대목이 있는데 '물은 다투지 않으면서도 만물을 이롭게 한다'라는 의미다. 노자의 물 예찬은 계속된다.

물은 낮은 곳으로 임한다(居善地)
물은 연못처럼 깊은 마음을 가지고 있다(心善淵)

물은 아낌없이 누구에게나 은혜를 베푼다(與善仁)

물은 신뢰를 잃지 않는다(言善信)

물은 세상을 깨끗하게 해 준다(正善治)

물은 놀라운 능력을 발휘한다(事善能)

물은 얼 때와 녹을 때를 안다(動善時)*

그런 의미에서 평화마을平化里은 공평과 평화가 지속되기를 염원하는 마을사람들의 의지가 담겨 있음을 알 수 있다. 억불산에서 시작된 계곡물은 농토를 비옥하게 하고 마을에서 샘물이 되어 사람들을 유익하게 하고 또 연못에서 잠시 머물며 주민들의 쉼터가 되어 주기도 한다. 이어서 강으로 바다로 흘러가면서 만물을 이롭게 하며 장흥을 오래도록 흥하게 하는 데 결정적 역할을 하는 것이다. 이 같은 '물의 교훈'을 본받고자 하는 점이 곧 '장흥정신'의 토대가 아닐까. 우연인지 필연인지 장흥에서는 매년 7월 말이나 8월 초쯤 되면 '정남진 장흥 물축제'를 개최하여 물의 선한 영향력을 널리 전하기 위한 노력을 계속하고 있다.

---

* 장세근(2018), 노자 도덕경 –길을 얻은 삶, p.38, 문예출판사.

스물여섯,
아름다운 풍광 속에
가사문학이 꽃을 피우다

장흥 동백정

붉은 동백꽃으로 인해 비로소 동백정이 되다

장흥은 조선시대 가사문학의 대가 기봉 백광홍을 비롯하여 많은 문인들을 배출하고 있다. 대표적으로는 〈금당별곡〉의 위세직, 〈천풍가〉를 노래한 노명선, 〈자회가〉, 〈권학가〉 등을 지은 위백규, 〈인일가〉, 〈독락가〉 등의 이상계, 〈장한가〉의 이중전, 〈덕강구곡가〉의 문계태 등이 있다. 장흥에는 남도 제일의 산상화원인 제암산(807m)을 비롯하여 억새들의 향연이 펼쳐지는 천관산(724.3m), 거대한 사자 모습으로 장흥을 수호하고 있는 사자산(666m) 등 이들에게 풍성한 감성을 불러일으켰을 만한 아름다운 풍광이 즐비하고 그 사이사이로 탐진강 등 크고 작은 하천들이 유유히 흐르고 있다. 특히 호남정맥의 기점이라고 할 수 있는 가지산(511m) 일원에서 흘러내리는 탐진강은 전남 중부권의 생명수이면서도 남도문학의 발상지라고 할 수 있다. 그래서 그런지 예로부터 기름진 땅과 넉넉한 인심, 그리고 여유로운 풍류문화 만큼은 어느 곳에도 뒤지지 않는다. 이를 뒷받침하듯 강 주변에는 용호정, 부춘정, 사인정, 동백정 등 수많은 정자들이 들어서 있다.

　장흥의 누정은 현재 30개 정도가 있는데, 기록으로는 존재하지만 현재 볼 수 없는 누정까지 합치면 80여 개에 이른다. 이런 풍토 속에 삶을 영위해 온 때문인지 장흥사람들에게는 예나 지금이나 감성과 해학이 넘친다. 특히 탐진강 주변에는 많은 누정들이 들어서 있는데 오래전부터 시인묵객들이 드나들며 교유했던 곳으로 유명하다. 이러한 정서는 향토 문인들에게도 적지 않은 영향을 주었을 것이다. 자연스럽게 그들은 여기저기 누정을 순회하며 음풍농월吟風弄月하였는데, 때로는 시대를 논하거나 시회발전에 대한 의견을 개진하기도 하였다. 조선시대 말에는 금장산가단金莊山歌壇이 형성되어 그 중심에 가사 〈장한가〉를 지은 우곡 이중전이 함께 하기도 하였다. 〈장한가〉 하면 으레 당나라 현종과 양귀

비의 사랑 이야기를 그린 백거이의 대서사시가 생각나겠지만 그저 제목이 같을
뿐이다. 이중전의 〈장한가〉 번역문 일부를 소개해 본다.

어와 세상 사람들아/이내 노래 들어보소/천지가 창조될 때/범위가 어떻든고/
형체 없는 어떤 하나/이름이 태극이라/태극이 무극이요/지극한 도 어렵도다 …
사람이 좋다마는/사람노릇 극히 어렵다/하늘이 주신 성품 같건만/어짐과 어리
석음의 차를 어인 일인고/지극 공평하신 하나님이/사사로이 차별을 두겠는가/
사람은 모두 더할 것 없이 온갖 선물을 갖추었으니.

이 작품은 자신의 기구한 인생역정을 종교적 도덕관에 견주어 성찰하고 있
는 전반부와 금강산 유람을 소망하는 심경을 읊은 후반부로 나뉘어 구성되어
있다. 한 작품에 두 개의 주제를 담은 특이한 구성이라고 할 수 있는데, 전체적
으로 세상의 이치와 교훈을 담고 있다. 이런 영향에 힘입어 다수의 시회가 만들
어져 활동하게 되었다. 이 지역 대표적인 시회는 1853년에 조직된 난정회를 비
롯하여 풍영계나 상영계, 정사계 등을 들 수 있다. 지금도 현존하는 것은 풍영
계와 정사계 등이 있는데, 음식을 나누며 친목을 다진다. 그 후에도 금계 이수
하의 뒤를 이은 금강 백영윤, 소천 이인근, 만천 김진규 등이 이 지역 출신으로
향토적 문풍을 이어갔으며, 효당 김문옥은 1940년대 잠깐 이곳에 머물면서 후
진을 양성했던 것으로 알려져 다수의 시회들이 운영되었음을 짐작케 한다. 이
후 이청준, 한승원, 송기숙 등과 같은 걸출한 문인들이 지속적으로 배출되고 있
는 것도 우연은 아닐 것이다.

이처럼 지속적으로 독특한 문학적 정서가 이어지고 있기에 장흥고을이 자타
가 공인하는 문향으로 자리매김할 수 있었다. 이런 장흥의 정서를 잘 담아내고
있는 대표적인 정자 가운데 하나가 있는데 바로 동백정이다. 이곳은 원래 퇴

누정마루에서 조망되는 풍경이 마치 액자 속의 그림을 감상하는 것 같다.

소박한 정자, 야트막한 담장, 소나무와 동백, 이들의 절묘한 조화가 동백정 풍경의 진수다.

은 김린이 1392년 이방원의 난으로 정몽주가 피살되자 관직에서 은퇴한 후 내려와 1393년에 가정사假亭舍를 지어 은거하던 장소였다. 현재의 동백정은 1584년(선조17년) 후손인 운암 김성장이 가정사 터에 지은 것이다. 이후 1715년경부터 마을사람들이 참여한 대동계 집회소로 이용한 것으로 알려져 있다. 요즘도 해마다 정월 대보름이면 인근 주민들이 모여 강에서 별신제를 지내고 있다. 당시 김린이 심었던 동백나무숲이 울창해지면서 정자의 이름을 '동백정冬柏亭'으로 부르고 있다.

지금의 건물은 1985년 후손들이 다시 고쳐 지은 것으로, 당초 앞면 3칸, 옆면 2칸 규모였는데, 당시 고쳐 지을 때 옆면에 1칸을 더 내어 현재는 앞면이 4칸인 형태가 되었다. 지붕은 옆면에서 볼 때 여덟 팔八자 모양인 팔작지붕으로 꾸몄고, 구성은 왼쪽부터 앞면에 누마루 1칸, 뒷면에 방 1칸, 중앙에는 앞뒤로 툇마루를 두고 가운데 방 1칸을 두었다. 그리고 가장자리에는 마루를 설치하여 여느 정자에서는 보기 드문 다소 복잡한 구조를 취하고 있다. 동백정은 부산천 언덕배기에 자리 잡고 있어서 멀리서도 동산과 정자가 한눈에 들어온다. 가까이 다가가 작은 내를 건너면 풍치림으로 지정될 만큼 아름다운 노송들이 먼저 반갑게 맞아준다. 정자에 대한 기대감을 갖기에 적당할 만큼의 계단을 오르면 수백년 동안 그 자리에 서 있었을 법한 동백나무가 눈에 들어온다. 마치 수줍은 새색시의 볼처럼 달아오른 붉은 꽃봉오리가 얼었던 마음을 녹여 준다. 고풍스럽고 아담한 정자도 정겹지만 마루에 걸터앉아 바깥 풍경을 감상하는 맛은 더욱 좋다. 조망에 지장 없을 정도의 높이로 쌓아올린 돌담도 멋스럽다. 하지만 누가 뭐래도 동백정의 풍경은 시린 겨울바람 속에서 피어나는 탐스러운 붉은 동백꽃으로 인해 비로소 완성된다.

백광홍, 풍경으로 문학을 가르치다

백광홍은 조선 중기의 이름난 시인으로 호는 기봉岐峯, 자는 대유大裕다. 그는 시詩와 부賦에 능하여 당대 우리나라 여덟 명의 문장가, 요컨대 조선팔문장 가운데 한 사람으로 손꼽혔으며, 특히 그 시대 널리 유행했던 가사 〈관서별곡〉을 지은 사람이다.

그는 1522년 장흥 사자산 아래에 있는 기산마을에서 태어났다. 기봉이 태어나 자란 사자산 기슭에는 '봉명재'라는 서당이 있었다. 기봉은 어린 시절 이 서당에서 학문의 기초를 닦은 것으로 전해진다. 고향에서 수학하던 기봉은 더 큰 뜻을 펼치기 위해 당대에 저명한 학자를 스승으로 삼고 싶었다. 그래서 스스로 찾아가 스승으로 삼은 사람이 다름 아닌 시산(지금의 태인)의 일재 이항이었다. 또한 그 무렵 영천 신잠을 만나 학문과 철학을 논한 것으로도 알려져 있다. 이 밖에 석천 임억령, 하서 김인후, 송천 양응정, 고봉 기대승, 고죽 최경창 등 당시 내로라하는 식자들과 교유하며 덕업을 쌓았다. 그는 벼슬보다는 학문에 뜻을 두고 오로지 성리학 연구와 시 창작에 몰두한 것으로 알려져 있다. 이후 부모의 권유를 뿌리치지 못해 1549년 28세의 나이로 과거에 나아갔는데, 그가 평안도평사가 되었을 때 그곳 자연풍물을 두루 돌아다니면서 그 아름다움을 노래한 작품이 바로 〈관서별곡〉이다. 이것은 우리나라 기행가사의 효시로, 작자의 문집 《기봉집》에 실려 있다.

장흥이 낳은 백광홍은 가사문학의 대가인 동시에 풍경 전문가였다. 풍경을 통해 자연의 아름다움을 읽어낼 뿐만 아니라 문장으로 후세들에게 지대한 영향을 끼쳤다. 기봉의 〈관서별곡〉은 정철의 〈관동별곡〉뿐 아니라 조우인의 여러 작품에도 직·간접적인 영향을 주었다. 또 위세직의 〈금당별곡〉, 노명선의 〈천풍가〉, 문계태의 〈덕강구곡가〉 등의 기행가사는 물론이고 위백규, 이상계, 이중전 등의 작품에 지대한 영향을 주면서 장흥 가사문학 발전의 시원이 되었다. 특히 수우옹 위세직의 〈금당별곡〉은 배를 타고 금당도(현 완도군 금당면) 및 만화도를 유람하면서 자연풍광을 노래한 시다. 해안의 기암절벽, 산봉우리, 바다와 해안풍경, 야경, 새벽풍경, 퉁소 부는 소리 풍경, 골짜기 풍경 등 변화무쌍한 풍광에 감동하여 예찬하는 내용을 담고 있다. 그동안 주로 내륙 풍경을 노래하던 것에서 벗어나 최초로 남도 도서지역 풍광의 아름다움을 노래했다는 점에서 큰 의의를 지니고 있다. 어쨌든 동백꽃 필 무렵에는 장흥 동백정을 권하고 싶다. 하지만 꼭 동백정이 아니라도 좋다. 장흥의 어느 한적한 정자에 걸터앉아 백광홍을 비롯한 장흥이 낳은 수많은 문인들을 떠올리며 풍경 속에서 잠시 세상을 살피고 자신을 돌아보는 것은 어떨까.

소나무와 동백이 조화를 이루며 동백정의 풍경을 덤덤히 지켜가고 있다.

스물여섯,
진솔한 삶과
아름다운 풍광이 녹아들다

진도 운림산방

구름으로 그린 숲, 붓으로 완성한 정원, 운림산방

전라도에서 자랑하지 말아야 할 것이 있다. 향토색 짙은 멋과 풍류, 불의를 참지 못하는 의리, 그리고 푸짐하고 풍미 있는 음식이다. 지역별로 또 다른 얘기도 있다. 여수에 가면 돈 자랑 말고 순천에 가면 인물 자랑 말고 벌교에선 힘 자랑 말라는 얘기다. 이처럼 지역마다 자랑할 만한 특유의 문화와 전통이 있다는 것은 참 흥미로운 일이 아닐 수 없다.

진도에 가면 세 가지를 자랑하지 말아야 한다. 글과 그림, 노래가 바로 그것이다. 진도珍島는 지명이 말해 주듯 보배섬이다. 남종화의 대가 소치 허련을 비롯한 허씨 일가의 예술 가계도만 보아도 그 위세가 얼마나 대단한지 알 수 있다. 그뿐인가 추사 이래 최고의 명필가로 꼽히는 소전 손재형도 진도 출신이다. 그리고 진도사람이라면 누구나 소리 한가락쯤은 기본이라고 한다. 그들이 즐겨 부르는 노래 가운데 하나로 '진도아리랑'이 있다. 충절과 공동체 정신을 절제된 춤사위로 승화시킨 강강술래는 또 어떤가. 이처럼 진도는 예술을 낳고 키우는 창작의 산실이었고, 진도사람들은 삶 자체가 풍류이며 예술이었다.

그런 진도사람들의 진솔한 삶과 아름다운 풍광이 고스란히 녹아 있는 곳이 있다. 바로 운림산방이다. 진도 운림산방雲林山房은 조선 말기 남종화의 대가인 소치 허련이 조성하여 말년에 기거하면서 창작과 저술 활동을 하던 곳으로 자서전격인 《소치실록小癡實錄》*에 따르면 큰 정원을 다듬고 아름다운 꽃과 진귀한 나무를 심어 선경으로 꾸민 곳이다. 운림산방은 첨철산 주위에 수많은 봉우리에 아침저녁으로 피어오르는 안개가 구름숲을 이룬 모습을 보고 지은 이름이라고 한다.

---

* 김영호 편역(2000), 민족회화의 발굴 소치실록, p.159, 서문당.

첨찰산을 배경으로 조성된 운림산방 연못과 배롱나무가 눈을 뗄 수 없게 한다.(진도군 제공)

　이곳은 경사지에 단차를 두고 조성되었으며, 맨 위쪽에 소치의 초상화를 모
신 운림사가 있고 운림사 오른쪽 뒤편에 사천사가 있다. 돌담으로 둘러진 안쪽
에 소치 선생이 기거하던 살림집이 있고 그 전면 우측에 소치가 머물던 사랑채
가 있으며 살림집 앞에 1978년에 재건한 화실 운림산방이 있다. 이곳의 이름을
당초 운림각이라 하였는데 후에 마당에 연못을 파서 주변에 다채로운 꽃과 나
무를 심어 정원으로 가꾸어 온 것이다. 그 앞에는 가로 33m, 세로 27m 크기의
연못 운림지가 있고 중앙에는 작은 섬이 하나 있다. 이 연못은 방지원도의 형
태로 외곽은 네모나고 그 안에 둥근 섬이 있어 외방내원의 형상이라고도 일컫
는다. 이 섬 중앙에는 소치가 심은 배롱나무 한 그루가 있는데 정원의 중심점

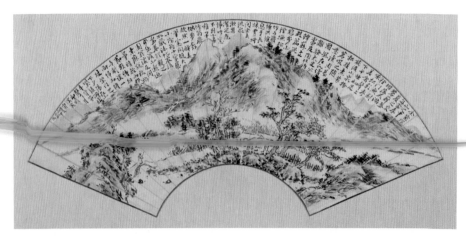

운림산방을 남종화 기법으로 묘사한 소치 허련의 〈선면산수도〉(서울대학교 박물관 소장)

역할을 해 주고 있다.

운림산방은 1982년 소치의 손자 남농 허건이 복원하여 세상에 알려지기 시작하였는데 그 후 국가에 기증했고 2011년 8월 국가지정 명승 제80호로 지정됐다. 우리나라 상록수림의 보고인 첨찰산을 차경으로 끌어들여 훌륭한 원경을 확보했으나 근경의 경관요소가 다소 허전하여 앞뜰에 연못을 파게 되었다. 이로써 배경이 되어 준 첨찰산에 근경의 연못이 더해져 마침내 완성도 높은 정원의 모습을 갖추게 되었다. 화가가 가지고 있는 안목이 정원에 고스란히 반영된 것이다. 그는 정원의 아름다움을 화폭에 남겼는데 바로 〈선면산수도扇面山水圖〉다.* 허련이 귀향한 1866년 7월 59세 되던 해에 그린 일종의 은거도로 자신이 살고 있는 운림산방의 모습을 남종화 수법으로 담아냈다. 그래서 〈운림각도雲林閣圖〉라고 부르기도 하는데 그림의 위쪽은 그가 쓴 추사체로 **빽빽하게** 글이 채워

---

* 김영호 편역(2000), 민족회화의 발굴 소치실록, p.44, 서문당.

져 있다. 그 내용의 일부를 살짝 엿보면 운림산방의 일상을 시각적으로 묘사하고 있으며 그림에 글이 더해져 훨씬 생동감 있게 다가온다.

내 집은 깊은 산골에 있다. 매양 봄이 가고 여름이 다가올 무렵이면 푸른 이끼가 뜰에 깔리고 낙화는 길바닥에 가득하다. 사립문에는 찾아오는 발자국 소리 없으나 솔 그림자는 길고 짧게 드리우고 새소리 높았다 낮았다 하는데 낮잠을 즐긴다. 이윽고 나는 샘물을 긷고 솔가지를 주워다 쓴 차를 달여 마시고는 생각나는 대로 주역, 국풍, 좌씨전, 이소경, 사기, 도연명과 두자미의 시와 한퇴지와 소자담의 문장 등 수 편을 읽고서 (중략) 조용히 오솔길을 거닐며 소나무, 대나무를 어루만지기도 하고 사슴이나 송아지와 더불어 숲속이나 우거진 풀 위에 함께 눕기도 하고 흐르는 시냇물을 구경하기도 하며 또 냇물로 양치질도 하고 발을 씻는다.

또 〈운림잡저〉에는 "못 파고 전원 일구매 내 힘으로 하였고 꽃 가꾸고 대 심는데 남에게 맡기지 아니하였네. 꽃밭 일구어 땅은 이제 여유 있네. 손수 심은 화목은 싱싱하기 그지없네"라고 기술되어 있는 것으로 보아 소치는 정원을 정성껏 가꾸고 마음껏 누렸으며 창작과 쉼과 일상을 이어가며 이곳 생활을 흡족하게 여긴 것으로 느껴진다. 운림산방에는 소치 선생이 아끼는 나무가 세 그루가 있었는데 일지매와 목백일홍(배롱나무), 그리고 자목련이다. 일지매는 해남 대흥사 일지암에 기거하던 초의선사가 선물한 나무로 알려져 있다. 목백일홍은 대략 100일 동안 꽃이 피어 있어 붙여진 이름으로 연못 풍경의 중심 역할을 하는 데 손색이 없다. 자목련은 꽃말이 자연에 대한 사랑, 은혜, 존경의 뜻으로 자목련 꽃봉오리의 우아한 자태와 보라색이 주는 신비스러움이 더해져 아마도 그를 매료시키기에 충분했을 것이다.

운림산방의 가을이 무르익어 가고 있다.

소치 허련으로 시작된 허씨 일가의 예술혼이 깃든 운림산방은 그저 아름다운 정원 혹은 화방 정도로 인식해서는 안 된다. 남도, 나아가 우리나라의 예술과 문화를 대표하는 자랑스러운 문화유산이라는 점을 잊어서는 안 될 것 같다.

남종화의 대가 소치 허련, 그리고 5대를 이은 화맥

소치 허련은 워낙 어려서부터 그림에 재능을 보였지만 28세가 되어서야 초의선사를 만나 서화에 눈을 떴고, 30대 초반에는 추사 김정희에게 본격적인 가르침을 받아 남종화의 대가가 되었다. 허련은 본관 양천陽川, 자는 마힐摩詰, 호는 소치며, 후에 허유許維로 개명했다. 중국 남종문인화의 시조라고 할 수 있는 왕유의 이름을 따서 허유라고 하였고, 소치라는 아호는 중국 남종화의 대가 대치 황공망에 버금간다 하여 스승인 추사가 내려 주었다. 김정희는 허련과 그의 그림을 좋아해 "압록강 동쪽에 소치를 따를 사람이 없다"고 하며 칭찬을 아끼지 않았다고 한다.

시, 서, 화에 뛰어나 삼절三絶이라는 칭송까지 받는 그의 작품은 강한 느낌을 주는 갈필(마른 붓질) 산수화가 주를 이루지만, 노송·노매·모란·괴석 등 문인화 또한 일품인 것으로 평가받고 있다. 대표작으로 57세(1866)에 운림산방을 그린 〈선면산수도〉와 스승 김정희의 〈초상〉, 〈묵모란〉, 〈파초〉 등이 있으며, 꿈처럼 지나간 세월을 기록한 〈몽연록夢緣錄〉이 수록된 자서전 《소치실록》을 남겼다. 그의 재능은 탁월하여 결국 남종화의 거목으로 성장했는데 조선 후기 한 시대를 풍미한 위대한 예술가로 자리매김하게 되었다.

그의 화맥은 당대에 끝나지 않고 계승되어 200여 년 동안 5대에 걸쳐 9인의 화가를 배출하게 되어 그의 가문은 유례를 찾아보기 힘든 명가의 반열에 오르게 되었다. 제2대는 미산 허형으로 소치의 넷째 아들이다. 미산은 소치가 늦은 나이에 얻은 아들로 그의 화풍을 이어받아 산수, 노송, 모란, 사군자 등을 잘 그렸다. 당시 탁월한 재능을 보인 장남이 일찍 세상을 떠나 맥이 끊어질 뻔했지만, 다행히 화맥을 잇게 되었다. 제3대는 미산의 아들 남농 허건이다. 남농은 조선미술전람회에서 특선을 한 후 20세기 근대 화단에 한국화의 중심에 자리한 화가가 되었으며, 운림산방을 지금의 모습으로 복원한 주인공이다. 남종화는 소치, 미산, 남농 3대에 걸쳐 이어져 왔고 이러한 가풍의 영향을 받아 계속해서 4대, 5대 후손들이 화가로 활동하고 있다.

허련의 직계는 아니지만 허씨 일가에서 빼어놓을 수 없는 인물이 있다. 바로 의재 허백련이다. 그는 일본 유학 중 화단의 활발한 움직임에 자극을 받았

첨찰산을 배경으로 들어선 운림산방의 가을 풍경(진도군 제공).

고, 고향에서 종고조뻘 되는 허련의 아들인 허형에게 묵화의 기초를 익혔던 것
으로 알려져 있다. 의재는 남농과 더불어 우리나라를 대표하는 화단의 거장이
되었다. 현재 무등산 증심사 인근에 위치한 의재미술관에 가면 그의 작품을 만
날 수 있다.

　진도에 가면 운림산방을 비롯하여 그 주변에 있는 소치기념관, 남도전통미
술관, 진도역시관, 그리고 남진미술관(장전미술관), 소전미술관, 나절로미술관
등 미술관이 즐비하다. 진도는 그 자체가 미술관이요 박물관이라는 말이 참 어
울리는 곳이다.

구름으로 그린 숲, 가무극으로 거듭나다

관심 있는 분들은 잘 아시겠지만, 진도에 국립남도국악원이 있다는 사실에 짐
짓 놀라는 분들도 적지 않다. 수려한 산세의 여귀산을 배경으로 쪽빛 남해가 내
려다보이는 천혜의 자연경관 속에 자리 잡은 국립남도국악원에서 소치 허련의
삶과 예술혼을 담은 이야기가 2016년 9월 29일, 30일 양일간 창극으로 초연되었
다. 예술과 예술인 이야기가 문화영역으로 확대되어 지역문화자원이 될 수 있
음을 보여주는 좋은 본보기다. 그뿐 아니라 운림산방이라는 장소적 가치를 더
욱 높여 주는 역할도 하였다. 이 작품은 단순히 소치와 그의 아들 미산의 이야
기를 풀어내는 데 그치는 것이 아니라 진도의 소중한 문화유산인 만가, 강강술
래, 남도들노래, 씻김굿, 남도잡가 등 주옥 같은 소리와 춤사위를 엮어낸 종합
예술작품이다.

　공연은 소치의 소박한 장례식으로부터 시작된다. 허련이 노년시절에 자신의
삶을 회고한 〈몽연록〉 가운데 "이곳을 다시 돌아보니 실로 전생의 인연을 알겠

2016년 국립남도국악원에서 허련을 소재로 공연된 가무곡 〈운림산방-구름으로 그린 숲〉 장면.

고, 지난날 놀던 임을 회상해 보니 모두 아득한 꿈이었더라"*라고 한 대목을 모티브로 한 작품이다. 소치와 아들 허형 부자 간의 이야기를 가상공간과 시간여행 속에 펼쳐 보였다. 전통과 예술혼의 상징인 아버지와 자유로운 사고를 꿈꾸는 아들 간의 갈등, 그리고 그것을 해소해 가는 과정을 그리고 있지만, 거기에 그치지 않고 소치의 서화와 진도의 아름다운 전통과 예술을 더불어 전해 주는 작품이다. 특히 현대를 살아가는 우리들에게 소중한 전통문화를 대하는 자세와 가족의 의미 등을 일깨워 주고 있다. 그런 의미에서 운림산방은 진도의 대표적인 브랜드가 되기에 충분한 스토리와 장소적 힘을 지니고 있음이 분명하다.

* 김영호 편역(2000), 민족회화의 발굴 소치실록, p.14, 서문당.

삶이 버겁고 지칠 때 언제든 떠나고 싶고
또 누군가 정겹게 반겨 줄 것만 같은 이름이 바로 남도다.

남도는 산과 들, 강과 바다 등 자연풍광 자체가
하나의 거대한 정원이다.

남도의 정원은 자연과 역사, 남도 사람들의 따뜻한 정이
깊숙이 배어 있다.